인도하심

365일 성령님의 인도하심이 있는 놀라운 현장

지 은 이 | 최성자
펴 낸 이 | 김원중

편　　집 | 김향인
디 자 인 | 김윤경
제　　작 | 허석기
관　　리 | 김선경

초판인쇄 | 2011년 11월 3일
초판발행 | 2011년 11월 7일

출판등록 | 제313-2007-000172(2007.08.29)

펴 낸 곳 | (주)상상나무
주　　소 | 서울시 마포구 상수동 324-11
전　　화 | (02)325-5191
팩　　스 | (02)325-5008
홈페이지 | http://smbooks.com

ISBN　978-89-93484-30-4 (03230)

값 12,000원

인도하심

상상나무

•차 례

● 프롤로그

나는 감히 말하지만 고난에 의해 만들어진 선교사다.

나보다 더 험한 고난과 역경을 겪으신 분들께는 죄송하고 부끄럽다. 그러나 나 나름대로 주님께 쓰임받기에 합당하도록 짧지 않은 기간을 광야에서 보내야만 했다. 그 광야 한 모퉁이를 걷다 주님을 깊이 만났고, 주님의 음성을 듣기 시작했으며, 주님의 뜻을 알아가기 시작했다.

지금은 지난날 나의 광야시절을 사랑하고 감사하게 되었다. 그 '광야학교'가 있었기에 오늘날 이만큼이나마 쓰임받고 있기 때문이다. 사도 바울의 고백이 바로 내 고백이다. 내가 나 된 것은 다 하나님의 은혜다.

"그러나 나의 나 된 것은 하나님의 은혜로 된 것이니 내게 주신 그의 은혜가 헛되지 아니하여 내가 모든 사도보다 많이 수고하였으나 내가 한 것이 아니요 오직 나와 함께 하신 하나님의 은혜로라."(고전 15:10)

맏딸로 태어난 나는 어머니의 서원(誓願)으로 첫 태생은 하나님의 것이라고 무조건 드려졌다. 선교사의 길이 어떤 길인지 아무것도 모른 채 두렵고 떨리는 마음으로 내던져졌다. 나는 살아남아야 했고, 살아남기 위해 몸부림쳤다. 그러다가 한 영혼을 집착적으로 사랑하시는 아버지의 '영혼사랑'을 깨달았고, 그 길이 내가 갈 길임을 알았다.

영국, 필리핀, 한국, 그리고 마지막 선교지인 인도까지... 하나님은 우리 가족을 미리 계획하신 훈련코스로 인도하셨고, 그 시작은 늘 아무것도 없었다. 무에서 유를 창조하도록 있는 것도 없게 하시며, 무조건 하나님만 믿는 100% 절대믿음의 신앙을 갖도록 혹독하게 훈련하셨다.

그 당시 눈물은 나의 밥이었고 고난이 가장 친한 친구였다. 무릎 꿇지 않으면 주어지는 것은 아무것도 없었다. 한때는 모든 것이 순조롭게 잘 되는 다른 선교사들을 부러워하기도 했었다. 그러나 지금 나는 그들이 부러워하는 존재가 되었다고 감히 생각한다.

나는 자존심이 강하고 성깔이 있었다. 이제 그 옛 자존심은 모든 일에 뜻을 정하는 다니엘의 '영적 자존심'으로 승화되었다. 강한 성격은 이스라엘 민족을 애굽에서 젖과 꿀이 흐르는 가나안 땅으로 인도하기 위해 홍해를 가른 모세의 리더십으로 아름답게 전환되었다. 모두가 연금술사이신 하나님의 작품이다. 아직도 멀었지만 이만큼이라도 되어진 것이 너무나 감사하고 감격스럽다.

함께 믿음의 길을 가는 동역자들을 많이 생각한다. 힘들고 지쳐있는 그들을 보면 힘과 용기를 주고 싶다. 나의 작은 말에 힘을 얻고 회복되고 치료되는 모습들을 보며, 어느 날 문득 책을 내고 싶다는 마음의 소원이 생겼다. 벌써 10년 전의 일이다. 기도하면서 준비했더니 귀한 기회가 찾아왔다. 모두가 하나님의 영광을 위해서다. 이 부족한 자의 인생에 뜨겁게 간섭하시며, 그분의 뜻을 이루어 가시는 뜨거운 사랑 이야기를 이제는 나눌 때가 되었다고 생각한다.

20년 넘게 선교사의 가슴에 쌓인 이야기 보따리를 느닷없이 풀다 보니 두서가 좀 없다. 그러나 분명한 것은, 이 책을 쓸 때 매일 성령님의 뜨거운 임재하심이 있었다는 사실이다. 필력(筆力)이 부족해 그 아름답고 놀라우신 아버지의 역사(役事)를 생생히 담아내지 못하는 것이 못내 아쉬울 뿐이다.

이제 인도가 내 가슴에 박혔다. 예수의 심장으로 12억 인도 영혼을 뜨겁게 품었다. 오로지 나의 관심은 인도 영혼을 구원해 내고야 말겠다는 '구령(救靈)'과 '인도 복음화'다.

인도에서 사역하면서 한 가지 분명한 것은 바로 하나님이 내게 주신 은사, 시간, 건강, 재물, 능력, 모든 것들은 인도 영혼들 것이라는 생각이다. 그리고 좀 외롭고 고독하게 살려고 노력한다. 사람과의 관계는 되도록 줄이고, 주님과의 친밀한 관계를 유지하는 데 힘을 기울이고 있다.

그러다 보니 주님의 음성이 더 잘 들리고, 주님의 뜻을 더 잘 분별할 수 있게 되었다. 이 땅을 먼저 다녀간 많은 위대한 선배 선교사들을 존경한다. 도마, 윌리암 캐리, 스탠리 존스, 하이디 선교사 등, 빛도 없이 이름도 없이 이 인도 민족을 섬기다 간 분들의 삶이 너무나 위대하고 아름답다.

또한 30년 전, 이 척박한 인도 땅에 먼저 오셔서 희생적이고도 헌신적인 선교사의 삶을 감당하신 모든 한국 선교사들도 존경해 마지않는다. 이제 그분들과 함께 쓸 인도 선교 역사가 기대된다.

어느 40대 대학 교수가 암으로 죽어가면서 한 말이 생각난다.

"쓰레기 더미 밑에 보석이 있습니다."

이 말의 의미를 인도에 와서야 알았다. 인도는 육신의 눈으로 보면 살 곳이 못 된다. 낙후되고 더럽고 힘들고 상식이 통하지 않는 것처럼 보인다. 그러나 이 인도에 천국을 빛낼 무한한 영적 보석들이 얼마나 많은지 모른다. 믿음의 눈이 있는 자에게는 그렇게 보인다. 그래서 오래 전, 윌리엄 캐리도 자신은 인도에 황금을 캐러간다고 했다.

나는 비로소 인도에 와서야 선교사다운 선교사로 다시 태어나고 있음을 느낀다. 내가 태어난 목적을 이루고 있음을 매일 느끼고 있다. 또한 '하나님께 쓰임 받는 것'이 얼마나 아름답고 귀하고 복된 일인지 깊이 깨닫고 있다. 인도가 필요로 하는 선교사가 되고 싶다.

앞으로 남은 인생도 인도에서 인도 영혼을 섬기는 삶을 살 것이다. 아버지의 눈물이 내 눈에 넘쳐나고, 아버지의 뜨거운 영혼사랑에 대한 열정이 내 열정이 되어 나의 삶을 인도 땅에서 불태우고 싶다.

나는 이 인도 땅에 예수의 흔적을 남기고 가고 싶다. 그것도 아주 확실하고 선명하게 예수의 흔적을 남기고 싶다. 그 예수의 흔적 중 하나가 바로 이 책이라고 믿는다. 이 책을 읽는 모든 분들을 예수의 뜨거운 심장으로 축복한다.

인도 첸나이에서 열방의 빛

최 성 자

그 순간, 뭔가가 내 안에 쑥 들어오는 것 같았다.

"이걸 너에게 주려고 너를 잠시 힘들게 했노라. 이제 끝까지 내가 너와 함께 하리라."

이제는 그 어떤 것도 두렵지 않았다. 나를 인도 선교사로 부르신 것이 확실했다.

인도를 내게 주신 것이 분명했다. 12억 인도 영혼이 내 손에 잡히는 느낌이었다.

Part. I
인도로 인도하심

chapter 1

인도, 그 운명의 땅!

인도 첸나이 국제공항

2004년 3월 17일 오후 서너 시경. 우리 가족은 인도 첸나이(Chennai) 국제공항에 도착했다. 필리핀에 이어 두 번째 선교지에 도착한 것이다. 또 다른 미지의 땅, 복음의 황무지인 인도에 첫 발을 디딘 그날을 지금도 잊을 수 없다.

첸나이는 인도 4대도시 중 하나다. 첸나이는 일 년 중, 3월에서 6월까지 섭씨 45도 가까이 기온이 올라가 살인적인 더위로 유명한 곳이다.

첸나이 공항에 도착하자마자, 첸나이 3월의 전형적인 날씨가 그

대로 전해져 왔다. 온몸으로 느껴지는 열대지방 특유의 그 숨 막히는 더위(공항 안에 에어컨이 있어도 너무 더웠음), 몸에 쩍쩍 들러붙고 끈적이는 그 습하고 불쾌한 느낌, 게다가 무슨 이상한 냄새는 그렇게 나던지, 이 모든 주변 환경은 금방 내 인상을 찡그리게 만들었다.

화장실이 급해 공항 화장실을 겨우 찾아 들어갔다. 그런데 오래된 변기 옆에 휴지도 없고, 낡아빠진 더러운 물바가지만 하나 있었다. 국제공항 화장실이 이 정도니 다른 설명이 필요 없을 것이다.

'아! 여기가 오늘부터 내가 살아야 할 인도구나.'

한숨이 절로 나왔다. 할 수만 있다면, 타고 온 비행기 그대로 다시 타고 한국으로 돌아가고 싶은 심정이었다. 필리핀에서도 10년 정도 선교사로 사역했지만, 45도에 육박하는 살인적인 더위는 전혀 상상도 못했다. 게다가 화가 잔뜩 난 듯 무뚝뚝하고 불친절한 배불뚝이 공항 직원들을 보니, 인도에 살고 싶은 마음이 순식간에 사라져 버렸다.

우리가 부친 짐은 1시간이 지나서야 나왔다. 모든 것이 다 느렸다. 겨우 입국심사를 마치고 공항 밖으로 나올 수 있었다.

공항 밖으로 나오니 또다른 세계가 우리 앞에 펼쳐졌다. 공항 안은 그나마 훨씬 나은 환경이었던 것이다. 그때 인도 특유의 한 장면이 내 눈에 들어왔다.

까만 피부에 바짝 마른 체구를 가진 깡마른 인도 여자가 보였다. 그녀는 싸리 빗자루로 도로를 쓸고 있었다. 그 살인적인 더위에, 그 더운 오후에, 세상 고민을 다 가진 듯 잔뜩 찌푸린 얼굴로 허리를 굽

힌 채 도로 바닥을 천천히 쓸고 있었다.

조금 후 바람이 약간 불자, 땡볕 속에 쓸어 모았던 쓰레기들이 다시 도로 위로 풀풀 날아갔다. 그 인도 여자는 아무렇지도 않은 듯, 흩어진 쓰레기들을 힘없이 다시 쓸어 모았다.

"싹 싹 싹"

싸리 빗자루 소리는 왠지 내 신경을 곤두서게 만들었다. 마치 앞으로 안 좋은 일이 생길 것 같은 뭔가 불길한 소리로 들렸다.

호텔방에 들다

남편이 아는 인도 친구가 마중 나오기로 했는데, 아무리 기다려도 오지 않았다. 시간 개념이 없다는 인도 사람을, 인도 도착한 첫날부터 경험하기 시작했다. 한참 만에 나타난 인도 친구는, '늦어서 미안하다'는 말도 없이 도로가 막혔다며 당당하게 행동했다.

그 친구가 미리 준비한 택시에는 에어컨도 없었다. 우리는 그 택시를 타고 미리 예약해 두었다는 호텔로 향했다. 택시를 타고 10분쯤 가자, 열어놓은 창문으로 텁텁한 바람과 먼지가 들어와 얼굴은 온통 땀범벅에 먼지투성이가 되었다.

인도에는 '쓰리(3) 지'가 많다는 이야기를 들었다. 먼지, 휴지, 그리고 거지... 그 말에 공감이 됐다. 그래서 사람은 직접 체험해 보지 않고는 말하지 말라고 했던가. 인도는 어디든지 먼지가 많았고, 길거리는 휴지와 쓰레기 더미로 넘쳐났다. 길가에 누워 있는 거지도 많이

인도 거리에서 생활하는 걸인 모습

보였다. 택시 창문으로 보이는 모든 인도 풍경은 우리나라 60년대처럼 낙후되고 시대에 뒤떨어진 모습들뿐이었다. 입고 있던 옷이 금방 땀으로 범벅이 되었다.

우리가 머물 호텔은 에그모어(Egmore) 기차역 옆에 있었다. 인도는 어디를 가든 사람이 많았다. 호텔 들어가는 골목이 사람들로 북적여 택시가 제대로 가지 못할 정도였다. 그 오후 시간에 웬 사람들이 그렇게 많던지.

드디어 호텔에 도착했다. 그런데 이건 말이 호텔이지 어두컴컴하고 더럽고, 무슨 유치장 같은 느낌이었다. 우리나라 시골동네 여인숙보다 못했다. 호텔 방에 들어선 순간, 침대를 보니 더는 말이 나오지 않았다. 침대보는 몇 년 빨지 않은 걸레처럼 너덜너덜했다. 가구들은 몇백 년 된 듯 보이는, 그야말로 낡아빠진 가구들이었다. 그것도 문짝이 제대로 닫히는 것이 없었다. 쓰레기 처리장에나 있어야 할 가구들이 버젓이 그 호텔 방에 자리잡고 있었다. 방 안은 바퀴벌레가 득실거릴 것 같았고 불을 켜도 희미했다. 이런 곳에서는 하룻밤도 잘 수 없을 것 같았다.

그래도 당장 별다른 방법이 있을 리 없었다. 일단 짐부터 내려놓았다. 샤워가 급했다. 땀으로 범벅이 돼 끈적거리는 몸부터 씻고 싶었다. 세면실에 들어가 낡은 수도꼭지를 틀었다. 그런데 이번에는 물이 나오지 않는 것이었다. 남편이 호텔 직원을 불러 물이 왜 안 나오는지 물었다.

"손님! 이 시간에는 물이 공급되지 않고 시간제로 공급됩니다. 저녁이나 돼야 물이 다시 나옵니다."

"세상에, 이럴 수가..."

샤워하려고 벗었던 옷을 다시 입고 나오려니 그 찝찝함이란 어떻게 말로 표현이 안 됐다. 갑자기 배가 몹시 고파 왔다. 먹을 것을 주문했더니, 지금은 음료수만 있고 저녁은 일곱 시가 되어야 제공된단다.

"오 마이 갓!"

그날 온종일 그야말로 제대로 되는 일이 하나도 없었다. 모든 것이 다 막혀있는 답답한 느낌뿐이었다.

시작도 하기 전 찾아온 위기

첫날은 거의 뜬 눈으로 꼬박 밤을 샜다. 그 호텔에 더 있을 수가 없어 며칠 후 다른 호텔로 옮겼다(인도는 무조건 잠자는 곳을 호텔이라고 함. 또한 식당도 호텔이라고 부름). 그래봤자 여전히 초라한 여관 수준이었다. 정착을 위해서는 최대한 절약해야 했다.

그렇게 시작된 인도 생활은, 첫날 예감했던 대로 매일 매일이 고생의 연속이었다. 먹는 것, 입는 것, 다니는 것 모두 불편했다. 선교지에 있다 보면 한국이 얼마나 살기 좋은 나라인지 새삼 깨닫게 된다. 하나님이 복 주셔서 대한민국이 잘 산다는 생각이 매일 든다. 한국인이라는 사실에 감사가 절로 나온다.

인도에 정착하기 위해서는 일단 집부터 구해야 했다. 우선 한국 사람이 많이 사는 동네로 집을 구하러 다녔다. 외국에 나오면 안전이 가장 중요하므로 외국인들이 주로 모여 사는 동네가 있게 마련이다. 첸나이도 마찬가지였다.

인도 첸나이에는 현대자동차 주재원들이 많이 살고 있다. 그래서 인도 사람들은 한국 사람만 보면 다 현대자동차 직원이나 가족인 줄 안다. 현대자동차 주재원들은 회사에서 집과 차를 제공해 주어 제법 잘 살았다. 인도인들이 보기엔 부유층인 셈이다.

인도 부동산업자도 우리를 현대 직원인 줄 알고, 비싸고 좋은 집만 소개시켜 주었다. 우리는 자꾸 직업이 뭐냐고 묻는 부동산업자에게 아무 말도 못했다(인도 사람들은 사생활을 곧잘 캐물음).

선교는 공식적으로 인정이 되지 않기 때문에 선교사라고 할 수도 없었고, 현대자동차 직원이 아니라고 할 수도 없었다. 현대 직원이 아니라고 하면, 의심 많은 인도 집주인이 집값 안 내고 도망갈까 봐 집을 잘 빌려주지 않는다는 말을 들었기 때문이다.

파송교회에서 날아든 비보

며칠 집을 구하러 돌아다니다 보니, 인도가 서서히 눈에 들어오기 시작했다. 왜 인도가 힌두교 국가인지 알 것 같았다. 눈만 돌리면 크고 작은 힌두 신전들로 가득했다. 도로 정중앙, 길거리 코너 코너마다 심지어 모든 가게와 회사에도 힌두 신전이 있었다.

힌두 신전을 볼 때마다 머리가 아팠다. '영적 전쟁'이 시작된 것이다. 이 전쟁이 보통 전쟁이 아닐 거라는 느낌이 들었다. 가는 곳마다 이 나라를 지배하고 있는 힌두 영이 느껴졌다.

며칠 열심히 집을 찾아다니다 보니 열병에 걸렸다. 45도에 육박하는 살인적인 날씨에 먹는 것은 부실하고 속상한 일만 일어나니 병이 날 수밖에 없었다. 아무도 찾아오지 않는 여관방에 누워 있자니, 도대체 앞으로 어떻게 살아야 할지 막막하기만 했다.

인도에 온 지 몇 주가 지났지만, 아무것도 되는 일이 없었다. 엎친 데 덮친 격으로 더 나쁜 일이 생겼다. 남편이 달러를 인도 돈 루피 (Rupee)로 환전하다가 사기를 당하고 말았다. 그 돈은 우리 전 재산이나 마찬가지였다.

우리 가족은 절망의 밑바닥까지 뚝 떨어졌다. 과연 하나님이 우리 가족을 인도로 부르신 것이 맞기는 한지 의문스러웠다. 당장 한국으로 돌아가고 싶은 마음뿐이었다. 허름한 인도 여관방에서 우리 가족은 매일 절망을 맛보고 있었다.

그러던 어느 날, 남편이 이메일을 체크하고 싶다며 PC방이 있는 쇼핑몰에 가자고 했다. 이 절망적인 상황에 무슨 좋은 소식이라도 있을까 싶어, 기분전환도 할 겸 희망을 갖고 따라 나섰다. 그런데 메일을 확인한 남편은 거의 비명에 가까운 소리를 질렀다.

"여보! 큰일 났어! 파송교회가 후원을 못하겠대!"

"무슨 말이에요? 후원을 못한다니? 설마요?"

가슴이 철렁 내려앉았다. 남편이 그런 것을 가지고 장난칠 사람도 아닌데 좀 전에 그가 한 말을 믿을 수가 없었다.

“다시 한 번 확인해 봐요. 그 목사님께서 철석같이 약속하셨는데… 부활절에 파송식 한다고 한국에 들어왔다 가라고 하셨잖아요.”

“아냐, 분명히 그렇게 써 있어. 파송이 취소됐다고….”

남편의 목소리가 큰 실망감으로 떨리고 있었다.

인도로 오기 전 서울의 어느 교회 목사로부터 한 달에 100만원의 후원약속을 구두로 받아놓은 상태였다. 100만원이면 인도에서 충분하겠지 생각하고, 다른 곳에서는 후원받을 생각도 하지 않고 인도에 왔다. 그야말로 그 교회만 철석같이 믿고 왔는데 이런 일이 벌어지고 만 것이다. 후원 한 번 받지 못한 상태에서 일방적으로 파송이 취소되어 버렸다.

남편이 한국에 전화를 걸어 간청했지만, 그쪽 반응은 싸늘하기만 했다. 도저히 믿을 수 없었다. ‘요나가 고기 뱃속에 있을 때 이런 절망감이었을까?’ 사방팔방이 꽉 막히고 앞이 캄캄한 절망감으로 온몸이 떨렸다.

그때 누가 내 얼굴을 봤다면, 부모 중 한 분이 돌아가신 줄 알았을 것이다. 혹시나 좋은 소식이라도 왔을까 싶어 찾아간 PC방이었다. 지푸라기라도 잡고 싶은 심정으로 갔다가, 가장 최악의 소식을 듣고 만 것이다.

그날로 나는 또 앓아누웠다. 열이 오르고 심한 구토에 밤새 설사를 했다. 나오는 건 눈물뿐이었다. 밤새 화장실을 수도 없이 왔다갔다 들락거렸다. 지독한 열병에 장염까지 걸렸다. 오장육부가 다 뒤틀리는 듯한 아픔은 차라리 죽었으면 좋겠다는 생각이 들 정도로 혹독

했다. 그 밤에 차도 없어서 병원에 갈 수도 없었다. 그러다 너무 속상해 화장실에 들어가 물을 틀어놓고 펑펑 울었다. 그랬다. 그 상황에서 내가 할 수 있는 일은 우는 게 전부였다.

기도도 나오지 않았다. 단 한 마디 나오는 것은,

"주여… 주여…" 외마디 소리뿐이었다.

아무리 생각해도 하나님의 뜻을 알 수 없었다. 내 머리로는 지금 인도에서 일어나고 있는 이 모든 나쁜 상황들이 도저히 이해가 되지 않았다.

실컷 울고 나자, 마음이 어느 정도 초연해지고 평안해졌다. 그리고 파송을 취소한 교회 목사를 더 이상 원망하지 않기로 했다. 누구도 원망하지 않고 오로지 주님께만 초점을 맞추기로 했다.

갈림길에 서다

이제 우리는 큰 갈림길에 서 있었다. 파송교회도 없는 상태에서 계속 인도에 있어야 할지, 떠나야 할지 결단을 내려야 했다. 그 기도 제목을 놓고 아무리 울며 며칠을 기도해도 아무 응답이 없었다. 그렇게 앓아누운 지 삼일째 되는 새벽이었다. 기도하는데 하나님의 음성이 들렸다.

"이제 그만 일어나거라!"

'그래… 오늘은 일어나야지. 언제는 내가 파송교회 믿고 선교했나? 필리핀에서도 십 년간 파송교회 없이 선교했잖아. 할 수 있어.

오로지 살아계신 하나님만 믿고 일어나자. 하나님이 도와 주실 거야. 우리 가족을 인도에 파송하신 분은 하나님이시니까.'

그렇게 생각하자, 새 힘이 솟아났다.

'일어나야만 해. 오늘은 꼭 일어나야만 해.'

내 자신에게 계속 말하며 침대에서 일어나 몸을 추스렸다. 그 동안 집을 구하다가 파송교회 사건으로 집 구하는 것을 쉬고 있었다. 그런데 정착하기 위해서는 다시 집을 구해야만 했다.

즉시 남편에게 말했다.

"오늘은 주님이 집을 찾게 해 주실 것 같으니까, 신문에 집구하는 광고가 난 것 있으면 부동산업자에게 전화해 봐요."

다시 집을 찾으러 가자고 하자, 남편도 기뻐했다.

예수의 심장을 받다

몇 주 동안 인도에서 집을 구하러 다니며 알게 된 것이 있었다. 인도 부동산업자들의 직업의식은 한국과 많이 다르다는 것이었다. 적당한 집을 찾아 계약을 성사시키는 것이 그들의 직업인 줄 알았다.

하지만 집을 보여주고 소개비를 챙기는 것도 그들에겐 중요했다. 집도 계약하지 않았는데 많은 돈은 아니었지만 항상 수고비를 요구했다.

한국에서는 집 계약이 성사되어야 커미션을 준다고 했더니, "This is India!"(여기는 인도예요)라고 말했다. 인도에 왔으니 인도 법을 따르라는 말이었다.

돈을 안 주고는 못 배기는 말이었다. 우리가 원하는 조건의 집을 말하고, 그런 집을 보여 달라고 하면, "Okey! No problem!"(문제 없어요)하고 쉽게 대답한다.

분명히 영어로 말하고 영어로 대답해서 소통에 문제가 없다고 믿고 가보면, 우리가 말한 조건에 전혀 맞지 않는 다른 집을 보여주곤 했다. 우리가 얼마나 절박하게 집을 빨리 구해야 하는지 그런 것에는 별로 관심이 없어 보였다.

인도의 부동산업자

하루 종일 그들을 따라 엉뚱한 집만 보고 오기를 몇 주째 반복했다. 그는 실망 가득한 마음으로 발길을 돌리는 우리에게 영락없이 돈을 요구했다. 그런 인도 부동산업자들의 영악한 상술에 서서히 지쳐가기 시작했다. 그 다음부터 인도 사람들의 말을 어디까지 믿어야 할지 고민스러웠다.

나중에 그들이 왜 이렇게 행동하는지 알게 되었다. 무조건 아무 집이나 보여주고 교통비라도 뽑아내자는 속셈이었던 것이다. 일당이 목적이지 우리가 집을 구하거나 구하지 않거나 그들에게는 큰 관심이 없었다.

도저히 안되겠다 싶어 새 부동산 업자를 기대하며 신문광고를 보고 전화를 했다. 그런데 막상 약속시간보다 늦게 나타난 사람은 이미 몇 주 동안 우리를 상대했던 같은 부동산업자였다.

"당신이 여긴 웬일이시죠?"

내가 놀라 물었다.

"당신 남편이 나한테 전화해서 왔습니다."

부동산업자가 퉁명스럽게 대답했다.

"아니 우리가 골탕 먹은 이 사람에게 왜 또 연락하셨어요?"

내가 남편에게 다시 물었다.

"난 그냥 신문 보고 전화한 거지, 이 사람한테 전화 안 했어."

남편도 이상하다는 듯이 대답했다.

"당신들이 집을 구하는 지역은 내 담당구역입니다. 신문에 부동산 광고도 냅니다."

옆에서 우리 대화를 듣고 있던 부동산업자가 눈치를 채고 이렇게 대답했다. 듣고 보니 같은 사람일 수밖에 없었다. 부동산업자들도 담당구역이 있었던 것이다. 약간 실망은 됐지만, 문득 이런 생각이 들었다.

'설마 오늘도 또 속이지는 않겠지. 같은 사람을 상대로 열 번도 넘게 속이지는 않을 거야. 그도 사람인데.'

그날만큼은 그 부동산업자를 100% 믿고 싶었다. 아니 믿어야만 했다. 그래도 만약을 대비해 다시 한 번 우리가 원하는 집 조건을 말했고, 그 부동산업자는 늘 그랬듯이, "No problem"(문제 없어요)이라고 큰 소리로 대답했다.

오늘 주님이 우리에게 주실 안락한 집을 기대하며, 그 어느 때보다 큰 희망을 안고 콜택시에 몸을 실었다. 그러나 한 시간도 채 되지 않아 그런 내 희망은 산산이 부서졌다. 그가 안내한 첫 번째 집을 본 순간, 기가 막혔다. 그 집은 우리가 전에 본 집이었고, 분명히 싫다고 말한 집이었다.

'그렇게 싫다고 했으면 이 집으로 안 데려와야 하는데….'

인간에 대한 배신감이 끝도 없이 밀려왔다. 더 볼 것도 없었다. 오늘도 이 부동산업자는 같은 수법을 쓸 것임이 분명했다. 하루 종일 우리를 끌고 다니며, 그 전에 본 집을 또 보여 줄 기세였다. 집을 많이 볼수록, 오토바이 기름이 더 많이 들었다고 돈을 더 요구할 것이 뻔했다.

3일 간 앓다가 다시 일어나 큰 기대감으로 집을 찾아 나섰는데, 일어나지 말아야 할 일이 일어난 것이다. 부동산업자는 그런 나의 아픈 마음을 알 길이 없었다. 허탈하게 발길을 돌리는 우리에게, 영락없이 수고비를 달라고 했다.

이젠 화낼 힘도 없었다. 아니 화낼 가치도 없어 보였다. 화를 낸다는 것은, 그래도 희망이 조금이라도 남아 있을 때 나타나는 감정이라는 것을 그때 알았다. 너무 화가 나니까 오히려 마음이 초연해지고 평안해졌다. 아무 말도 하지 않고 달라는 대로 돈을 주었다. 그리고 타고 온 택시에 다시 몸을 실었다.

 # 12억의 인도 영혼

택시에 앉자마자, 눈물이 주르르 흘렀다. '그래 한국으로 돌아가자. 여기는 도저히 희망이 없다.' 속으로 굳게 다짐했다.

옆에 앉아 있던 남편에게 비장한 목소리로 말했다.

"난 도저히 인도에서 못 살겠어요. 당신 혼자 살든지 말든지 알아서 하세요. 예원이랑 나는 내일 당장 한국으로 돌아갈 테니 비행기 티켓 준비해 주세요."

남편은 아무 말도 하지 못했다. 모든 상황을 함께 겪은 남편이 그 상황에서 뭐라고 말할 수 있겠는가. 순간, 남편이 한숨을 크게 쉬었다. 난 곧바로 주님과 대화를 시도했다 .

"오늘 새벽에 저보고 일어나라고 하셨잖아요? 그래서 저는 일어났습니다. 그런데 이게 무슨 일입니까? 이건 도저히 아닙니다. 다시 한국으로 돌아가겠습니다."

창밖을 바라보며 나는 주님께 선전포고를 했다. 그때였다.

"많이 힘드냐?"

주님이 물으셨다.

"그럼요… 다 보셨잖아요? 인도에서 당신이 우리를 위해 준비하신 게 하나도 없잖아요. 이제 우린 아무 희망도 없습니다. 저는 최선을 다했고 지금 너무 지쳤어요. 내일 당장 한국으로 돌아가겠습니다. 저 잡지 마세요!"

내가 화난 투로 주님께 말했다.

"성자야… 내가 너를 사랑하듯이 인도 영혼들도 사랑한단다."

부드럽고 자비로운 주님의 음성이 들렸다.

"예? 이렇게 매번 사람을 속이는 인도 사람들을 사랑하신다구요? 저는 사랑 못해요! 주님이나 많이 사랑하세요!"

나는 거침없이 주님께 내뱉었다. 내가 다 죽게 생겼는데 주님 사정을 봐 주고 말고 할 처지가 못 되었다.

"나는 너를 위해서 십자가도 감당했는데, 너는 나를 위해 이 정도의 고통도 못 참고 떠날래?"

"……."

이 대목에서 잠시 주춤했다. 주님이 나의 아킬레스건을 건드리신 것이다.

"……."

예수의 심장을 받다

아무 말도 못하고 있는 나에게 주님이 또 말씀하셨다.

"가지 마… 가지 마… 가지 마…"

간절한 주님 목소리가 세 번 들렸다. 그 말씀을 하실 때, 마치 떠나려는 애인의 바지를 붙잡는 듯 애원하시는 모습으로 느껴졌다. 그랬다. 주님은 내게 부탁하시는 것이 아니라, 애원하고 계셨다. 내 눈물은 통곡으로 변했다. 울면서 내가 말했다.

"나 같은 것이 뭐라고 이렇게 찾아오셔서 인도 영혼을 위해 남아 달라고 애원하시는 거예요? 더 훌륭하고 좋은 선교사도 많잖아요?"

"나는 네가 필요하단다."

내 주님께서 내가 인도에 필요하다고 말씀하고 있었다. 잠시 후, 눈물을 추스르며 내가 말했다.

“알겠습니다. 주님… 지금은 캄캄한 절망뿐이지만, 주님만 믿고 최선을 다해 보겠습니다. 그 대신 주님이 저를 도와주세요. 제발 도와주세요.”

그러자 주님께서 이렇게 말씀하셨다.

“내 심장이다.”

“너희 안에 이 마음을 품으라 곧 그리스도 예수의 마음이니”

(빌 2:5)

그 순간, 뭔가가 내 안에 쑥 들어오는 것 같았다.

“이걸 너에게 주려고 너를 잠시 힘들게 했노라. 이제 끝까지 내가 너와 함께 하리라.” 주님과의 대화는 여기서 끝났다.

난 즉시 옆에 있는 남편의 손을 잡으며 말했다.

“여보, 미안해요. 지금 주님이 나를 찾아 오셨는데 나보고 가지 말래요. 나 안 갈 거예요. 우리 한 번 해봐요.”

목이 메 떠듬떠듬 말했다. 그러자 남편 눈에서도 굵은 눈물이 뚝뚝 떨어졌다.

그날 내가 받은 것은, 12억 인도 영혼을 사랑하시는 예수의 심장이었다. 사람을 의지하지 않았을 때, 모든 걸 다 내려놓았을 때, 절대 절망 속에서 주님만 바라보았을 때 받은 가장 값진 최고의 선물이었다.

chapter 4

잊을 수 없는 후원

대학시절의 순원

나는 대구에 있는 경북대학교를 졸업했다. 동아리 활동은 한국대학생선교회(C.C.C.)에서 했다. 그때는 믿음도 별로 없었고 선교사에 대한 비전은 더더욱 없었다.

C.C.C.에서는 3학년 정도 되면 순장이 된다. 순장이 되려면 직접 전도해서 자신의 순원을 만들어 훈련시켜야 했다. 난 전도가 두려워 그때까지 한 사람도 전도하지 못해, 동기들 중에 나만 순원이 없었다.

그러자 내 순장이었던 재휘 언니가 자신의 순원 하나를 소개시켜 주었다. 이름이 박성희였다. 성희는 1학년이었지만 나이는 나와 1살 차이였다. 성희를 어떻게 훈련시켜야 할지 몰랐다. 외모도 별로 어려 보이지 않는 성희가 무서워 무조건 피하려고만 했다. 일주일에 한 번 씩 순원을 만나 개인훈련을 시켜야 했다.

하지만 나는 이 핑계 저 핑계를 대고 성희를 피하려고만 했다. 성희는 나에 대한 원망이 늘어갔다. 그래도 할 수 없었다. 그 당시에는 성희가 나에게 부담 그 자체였으니까. 그리고 대학을 졸업하자마자 결혼해 영국으로 갔으므로 자연스럽게 성희와 연락이 끊겼다.

그러던 어느 날, 한국에 잠깐 들어갔더니 순장 언니가 이렇게 말했다.

"너 성희 생각나나? 왜 니 유일한 순원이었잖아. 내가 소개시켜준…."

우리 가족은 그때 영국 WEC 선교사 훈련을 마친 후, 첫 선교지인 필리핀에서 선교활동을 하고 있을 무렵이었다.

"그럼… 언니! 생각나지… 성희 어떻게 지내?"

"갸가 좀 많이 아프데이… 그 집에 간암이 유전인가 보드라. 오빠도 간암으로 얼마 전에 죽었다카고. 그래서 성희도 간암증세로 고생 많이 했데이. 지금은 좀 나아졌는데 니 이야기를 하니 보고 싶다카드라."

언니가 특유의 경상도 사투리로 말했다.

난 아무 말도 할 수 없었다.

한 번도 순원 교육을 제대로 시키지 못했던 나. 도망치듯 결혼해 말없이 떠나버린 나. 그런 나를 그래도 순장이라고 보고 싶다고 했다니…. 그렇게 아픈 성희를 내 삶이 힘들어 한 번도 생각하지 못했다. 죽음의 고통을 넘나드는 성희를 위해 기도 한 번 하지 않았다. 나한테 성희는 버려진 자식이나 마찬가지였다. 갑자기 말할 수 없는 죄책감이 밀려왔다.

"내가 성희한테 연락할 테니 함 만나봐라."

재휘 언니 말에 난 고개만 끄덕였다.

억만금보다 값진 후원

드디어 성희를 서울에서 만났다. 거의 10년 만이었다. 오랜만에 만난 성희는 한눈에 간암을 앓고 있는 느낌이 들었다. 얼굴 전체가 검게 변해 있었고 웃을 때 잇몸에서 피가 보이는 듯했다. 우리 둘이는 만나서 아무 말도 못하고 손을 맞잡고 울었다. 그러다 내가 먼저 말했다.

"미안하다, 성희야… 많이 아팠다며?"

"괜찮다, 언니야. 이제 많이 나아졌다. 언니, 니가 선교사 됐다고 해서 얼마나 놀랐는지 모른다. 그때는 나를 훈련시키지도 않고 내 피 하기만 하더니 어찌 선교사가 됐을까 했다. 언니 니는 의사나 돈 많은 사람한테 시집 갈 줄 알았거든."

성희는 내가 자기를 훈련시키지 않은 것에는 실망했지만, 선교사가 돼서 고생 많이 한다는 소식을 듣고, 모든 것을 용서한 듯했다.

"내 원망 많이 했지? 진짜 미안하다. 그때 내가 니를 훈련시키지 않아서 그런지 하나님이 나도 많이 훈련시키시더라. 너 하나 훈련시키고 말걸, 그걸 안 해서 이 언니도 고생 많이 한다."

"하하하!"

성희가 크게 웃었다.

그날 우리는 그 동안 가슴에 쌓인 이야기를 생각나는 대로 열심히 주거니 받거니 했다. 성희는 어려운 중에서도 믿음으로 자신의 병을 이겨가고 있었다. 그 아픈 몸으로 아이들을 가르쳐 자신의 약값과 병원비를 충당하고 있었다.

너무 기특한 내 순원. 그러면서 어느 기도원 원장에 대한 이야기를 했다. 자신이 아플 때 찾아간 기도원이라며 치료기도 받고 많이 좋아졌다고 했다. 그 기도원 원장이 선교를 많이 하는 분이라며 한 번 찾아가 보라고 했다. 그러나 그때는 그 이야기를 귀담아 듣지 않았다.

믿음과 축복

성희는 나를 만난 그 다음 달부터 후원금을 보내오기 시작했다. 전화를 걸어 크게 나무랬다.

"성희야! 니 제 정신이냐? 니 약값도 부족할 텐데 무슨 후원금을 보내? 앞으로 절대 후원금 보내지 말고 너 약이나 잘 사먹어."

"언니, 니 무슨 말이고? 믿는 사람이 선교하는 것은 당연한 일이

지, 아프다고 안 하나? 그냥 받아라!"

그렇게 말하며 전화를 뚝 끊어 버렸다. 그 후로도 성희는 매달 후원금을 꼬박 꼬박 보냈다. 성희가 보내는 후원금을 받을 때마다 그 귀한 믿음에 감동해 그녀를 위한 기도가 더 절절이 나왔다. 그때 성희의 후원은 필리핀에서 파송교회도 없이 어렵게 선교하는 나에게, 억만금보다도 더 큰 힘이 되어 주었다.

생사의 갈림길에서도 놀라운 믿음으로 선교에 동참했던 성희는 곧 간암에서 해방되었다. 기적에 가까운 일이었다. 그뿐만 아니라, 성희는 더 큰 축복도 받았다. 마흔 살 가까운 늦은 나이에 결혼해 아들 둘을 낳았다. 아무도 믿지 못했던 놀라운 일이었다. 성희의 믿음을 보시고 그녀를 축복하신 것이 분명했다.

chapter 5

내가 어떻게 행하나 보라

소나무 하나는 뽑고 오자

2004년 3월 인도 선교사로 건너가자마자 파송교회로부터 일방적인 파송취소를 당한 그 해 7월, 후원 모금을 위해 우리는 다시 한국에 들어왔다. 내가 한국에 들어온 것을 안 성희가 연락해 왔다. 모든 어려운 사정 이야기를 들은 성희는 자기 일처럼 걱정해 주었다.

성희는 지난번 만났을 때 이야기한 그 기도원 원장에 대해 다시 얘기를 꺼냈다. 자신이 간암으로 거의 죽어갈 때, 이 기도원을 알게 되어 많은 은혜를 받은 곳이라며 함께 가 보자고 했다. 그 당시 나는 몸도 좀 아픈 상태였다.

인도에 있을 때 잦은 열병과 맘고생으로 체력이 많이 약해져 있었다. 기가 다 떨어졌고 특별히 어깨와 등이 아파서 고생을 하고 있었다. 영과 육이 거의 탈진상태였다. 이런 사정을 아는 성희는 무조건 그 기도원에 가자고 강권했다. 나도 별다른 뾰족한 대책이 없었으므로 한 번 가보기로 했다.

볕 좋은 9월의 어느 날, 성희와 함께 마산에 있는 그 기도원을 찾아갔다. 기도원 원장은 여자 권사였다. 나를 한 번 힐끔 보더니 아무 말도 하지 않았다. 예상치 않은 냉대에 몹시 당황했다. 참 다른 분이라는 생각이 들었다. 기도원 건물도 아주 초라했다. 그린벨트로 묶여 있는 곳이라 건축을 할 수 없어 건물 상태가 말이 아니었다.

내심 이래저래 실망하고 있는 나에게 성희는, "언니야… 원장님이 성격은 저래도 속정은 깊으신 분이데이. 서둘러 내려오려고 하지 말고 적어도 3일은 여기 있어봐라." 하는 것이었다.

성희는 아기가 어려 빨리 집에 가봐야 한다며 기도원을 내려갔다. 기도원 첫 집회에서 내 생애 가장 비장한 다짐을 했다. 이왕 기도원에 올라온 이상, 확실한 응답을 받고 내려가리라고 마음먹었다.

야곱과 같이 '당신이 내게 축복하지 아니하면 가게 하지 아니 하겠나이다' (창 32:26)라는 비장한 각오를 했다. 그리고 적어도 소나무 하나 정도는 뽑을 작정을 했다.

십 일 동안 똑같은 기도

그 기도원에는 많은 환자들이 있었다. 병원에서 거의 포기한 말기 암환자들이나 불치병 환자들이 대부분이었다. 그분들을 보니, 건강 주실 때 생명 다해 주를 섬겨야겠다는 마음이 들었다.

새벽 집회부터 내 태도는 완전히 달라졌다. 기도원 원장과 기도원에 대한 부정적인 생각을 다 접었다. 그리고 이 기도원에서 어떻게 해서든 주님을 만나야만 한다는 각오로 모든 집회에 열심히 참석했다.

찬양도 가장 열심히 하고, 아멘도 가장 큰 소리로 하고, 기도도 제일 열심히 했다.

인도 선교를 하려면 보통 믿음 가지고는 안 되는 것을 알았다. 이 기도원에서 주님이 나를 만나주시지 않으면, 인도 선교를 포기할 것이라는 각오를 단단히 했다.

첫날 오전 집회가 끝나자마자 산 속에 있는 개인기도실에 들어갔다. 그 기도실에서 죽을 각오로 기도하기 시작했다. 기도실에 앉자마자, 그 동안 내 안에 쌓였던 상처와 한들이 폭포수처럼 쏟아지기 시작했다. 가슴에 맺힌 말들이 끝도 없이 쏟아져 나왔다.

"그렇게 되기 싫었던 사모와 선교사였습니다. 그러나 주님 때문에 순종했습니다. 그런데 제가 받은 것은 말할 수 없는 고통과 상처와 힘듦뿐이었습니다. 필리핀 선교사로 사역할 때 사랑하는 아버지를 잃었습니다. 그리고 필리핀 사역을 끝내고 한국에 들어오자마자 여동생마저 백혈병으로 잃었습니다. 죽음을 넘나드는 고통을 감수하며 인도까지 갔습니다.

그런데 왜 제 인생은 점점 더 힘들고 희망이 보이지 않는 것입니까? 인도가 주님이 주신 선교지 맞습니까? 주님! 제발 말씀해 주세요. 제발 저를 만나주세요.”

기도실에서 혼자 몸부림을 치며, 내가 낼 수 있는 가장 큰 목소리로 울부짖었다.

“주님! 제발, 저를 불쌍히 여겨 주세요!”

몇 시간 만에 금방 목이 쉬었다. 목에서 아무 소리도 나오지 않았다. 눈에서는 뜨거운 눈물만 흐르고, 소리칠수록 목에서는 말이 아닌 쇳소리만 나올 뿐이었다.

처음엔 그 기도원에서 삼 일 정도 있을 예정이었지만 기도하다 보니 십 일 동안 그 기도원에 있게 되었다. 기도원 원장은 매일 새벽마다 집회에 참석한 모든 사람들에게 안수기도를 해 주었다. 나도 매일 안수기도를 받았다. 그런데 그 원장은 신기하게도 나에게 십 일 동안 똑같은 기도를 했다.

“이 딸에게 말씀의 능력과 지혜를 주셔서 수많은 인도 영적 지도자들을 변화시키는 능력의 여종으로 써 주시옵소서.”

너무 신기해 십 일째 되는 날, 그 기도원 원장에게 물어 보았다.

“원장님! 어떻게 그렇게 저에게 똑같은 기도를 십 일 동안이나 하세요?”

원장은 이렇게 대답했다.

"손을 얹을 때 성령님이 주시는 마음으로 기도할 뿐입니다. 그때 내가 무슨 말을 했는지 일일이 다 기억 못합니다."

하나님의 음성

10일째 되는 날, 다시 산 속에 있는 개인 기도실로 올라가 기도하기 시작했다.

주님의 확실한 뜻을 보여 주시고, 확실한 음성을 들려 달라고 부르짖었다. 나를 여기서 죽이시든지, 응답을 주시든지 하라고 소리소리 질렀다. 그때 E. M 바운즈가 한 말이 생각났다.

"마치 하나님과 싸움하듯이 기도해야 가장 효과적인 기도를 할 수 있다. 이런 기도가 최고의 기도이다. 이런 기도를 드리는 것은 믿음의 싸움을, 싸워서 승리하는 것이다."

죽었다 생각하고 젖 먹던 힘까지 다해 울부짖으며 하나님의 음성을 기다렸다. 그러자 아무 일도 일어나지 않을 것만 같던 조용한 산에, 갑자기 산 전체가 울리는 진동이 느껴졌다. 그리고 하늘로부터 이런 음성이 들렸다.

"내가 어떻게 행하나 보라!!"

"만군의 여호와의 열심이 이를 이루시리라" (사 9:7)

“내가 네게 세상을 이길 힘을 주겠노라!!”

“무릇 하나님께로부터 난 자마다 세상을 이기느니라 세상을 이기
는 승리는 이것이니 우리의 믿음이니라” (요일 5:4)

온 산을 울리는 쩌렁쩌렁한 말씀이 내 귀에 크게 들렸다. 너무나
친밀하고 확실한 내 아버지의 음성이었다. 드디어 하나님이 내 기도
를 들으신 것이다. 응답하신 것이다.

그 음성을 듣자 하늘을 날듯이 기뻤다. 춤이라도 추고 싶은 강한
충동을 느꼈다. 세상을 다 가진 것 같은 말할 수 없는 기쁨이 내 가슴
에 강물처럼 밀려왔다.

기쁜 마음으로 즉시 기도원을 내려왔다. 이제는 그 어떤 것도 두
렵지 않았다. 나를 인도 선교사로 부르신 것이 확실했다. 인도를 내
게 주신 것이 분명했다. 12억 인도 영혼이 내 손에 잡히는 느낌이었
다.

인도는 더 이상 내게 두려움의 대상이 아니라, 내 밥이라는 확신
이 들었다. 앞으로 인도에서 주님이 나를 통해 어떻게 일하실지 너무
기대가 되었다.

chapter 6

인도 영혼을 섬겨라

예닮동산

다시 인도로 돌아가기 전, 주님은 여러 가지로 나를 준비시키셨다. 그 중 하나가 '예닮동산 프로그램' 이었다.

주일학교에서부터 만난 친구가 예닮동산을 소개시켜 주었다. 등록비를 내 놓고는 아무것도 묻지 말고 무조건 가라고 했다. 주님의 일하심이라 믿고, 두려움 반 기대감 반으로 참석했다.

도착해 보니, 예닮동산은 좀 색다른 곳이었다. 며칠간 천국을 체험케 하는 프로그램 같았다. 도착하는 날 바로, 핸드폰과 시계는 모두 주최 측이 걷어갔다. 세상과 단절돼 또 다른 세상을 경험하도록 돕기 위함이었다.

실컷 찬양하고, 실컷 웃고, 실컷 먹으며 영적으로 육적으로 재충전하는 프로그램들로 가득 찬 날들이었다. 삼박 사일 간 일정은 좀 빡빡했지만, 모든 프로그램들은 정말 신선하고 즐거웠다.

예닮동산 참가자들을 섬기는 예닮 사람들의 모습은 마치 천사와도 같았다. 일각에서는 예닮동산이 너무 계획되고 틀에 잡힌 프로그램이라는 부정적인 견해도 있지만, 나에게는 또 다른 주님의 모습을 체험한 잊을 수 없는 사건이 일어난 곳이었다. 찬양을 유난히 좋아하는 나는 한국말로 실컷 찬양하는 그 자체가 너무 좋았다.

또한 예닮동산에서는 인간의 기쁨을 드러내는 행동을 제한하지 않았다. 기존 예배에서는 잘 할 수 없는 기쁨의 표현들을 마음대로 할 수 있었다. 그곳에서는 자신이 누구인지를 잊고, 모두가 똑같은 주님의 자녀라는 것에만 집중할 수 있도록 도와주었다.

"이 전엔 왜 모르고 있었을까 주님이 주신 이 기쁨, 이 전엔 왜 모르고 살았을까 주님이 주신 이 사랑…"

이 곡은 예닮동산 48기 주제곡이다. 이 찬양을 부를 때마다 주님이 주시는 기쁨이 내 안에 풍요롭게 넘쳐났다.

세족식에서

가장 충격적인 사건은, 마지막 날 세족식에서 일어났다. 삼 일 동안 크고 작은 감동과 감격들이 수시로 있었다. 하지만 마지막 날 예닭동산 세족식은 나에게 영원히 잊을 수 없는 중요한 경험을 하게 해주었다.

예닭동산 세족식은 주바라기들(예닭을 섬기는 사람들)이 발만 씻기는 것이 아니었다. 먼저 주바라기가 무릎을 꿇고 내 앞에 앉았다. 그리고 가장 겸손한 자세로 두 팔로 내 두 발목을 잡았다. 그 다음에 자신의 머리를 내 발 앞에 조아렸다. 그런 후, 머리를 완전히 내 종아리 사이로 집어넣었다. 그때 난 주님의 섬김의 결정체를 느꼈다.

폭포수 같은 눈물이 쏟아졌다. 내 발을 씻긴 주바라기를 붙잡고 한참을 울었다. 그날 내가 제일 많이 울었다. 그만큼 내 안에 찾아오신 성령의 임재하심이 감당할 수 없을 만큼 컸다.

"이렇게 12억 인도 영혼을 섬겨라. 너는 인도에 섬기러 가는 것이다. 네 머리를 들지 말고 완전히 숙여라. 그들 앞에서 너를 죽여라."

하염없이 울고 있는 내게 주님이 말씀하셨다.

chapter 7

내가 채우리라

선교와 자동차

인도에서 몇 개월간 살아보니, 자동차 없이 선교하는 것은 도저히 불가능했다. 그 살인적인 날씨에 차 없이 선교한다는 것은 말이 되지 않았다. 선교는 고사하고 생활도 제대로 못할 상황이었다.

인도 대중교통 수단 중 하나인 '아토릭샤'(삼륜오토바이로 개조된 인도식 택시)를 탈 때마다 신경전을 벌였다. 같은 곳을 가는데도, 매번 부르는 요금이 운전기사에 따라 다 달랐다.

더 희한한 것은, 같은 운전사 보고 같은 장소를 가자고 해도 매일 요금을 다르게 불렀다. 너무 피곤했고 스트레스 그 자체였다. 인도에

서는 외국인이기 때문에 불합리한 대우를 받아야 하는 일이 비일비
재했다.

이런 일이 자꾸 발생하자, 선교사도 사람이기에 인도인들이 미워
지려고 했다. 이러다가 선교하기도 전에 인도 사람들에 대한 부정적
인 이미지만 생겨 선교하는 데 큰 걸림돌이 될 것 같았다. 그래서 한
국에 가면 자동차 값 모금부터 해야겠다는 각오를 단단히 했다.

자동차와 바꾼 주택청약 통장

한국에 들어오니 사정이 달랐다. 아는 목사 몇 분을 만나 자동차
값 후원 이야기를 어렵게 꺼냈다.

"지금 한국이 IMF때보다 더 어려운데, 누가 자동차 값을 후원하
겠습니까?"

만나는 사람마다 부정적으로 말했다. 그럴수록 내 각오를 더 단단
히 했다. '자동차 값을 주시지 않으면 절대로 인도에 들어가지 않겠
습니다.' 주님께 계속 말씀드렸다. 내가 인도에 들어간 목적은 선교
하러 간 것이지, 그냥 먹고 살러 들어간 것이 아니라는 것을 분명히
했다.

우리 부부는 '자동차를 달라'는 아침 금식에 들어갔다. 그 당시 우
리 가족은 시댁에서 기거하고 있었다. 유난히 남편인 둘째 아들을 사
랑하는 시어머니는 아들이 아침밥을 거르며 기도하자, 몹시 안타까
워했다. 무슨 목적으로 금식하는지 아는 시어머니는, 우리를 이해는

그날 내가 받은 것은 12억 인도 영혼을 사랑하시는 예수의 심장이었다.

했지만 무척 마음 아파했다.

"인도 가면 좋아하는 쇠고기 돼지고기도 못 먹는다며? 한국에 왔을 때 잘 먹고 가도 모자랄 판에 무슨 금식이냐."

아침마다 그렇게 말하며 돌아서서 눈물을 닦았다. 우리 때문에 시어머니도 아침을 굶었다. 약속한 한 달이 지나자, 난 아침 금식을 멈췄다. 그러나 남편은 다시 한 달을 더 금식한다고 했다. 그 이유가 궁금해서 물었더니,

"한 달은 자동차를 달라고 금식한 것이고, 또 한 달은 자동차를 주

신 걸 믿고 감사의 금식기도를 하려고.”

그러더니 진짜 남편은 한 달 더 아침금식을 했다. 인도로 들어가야 하는 날이 며칠 앞으로 다가왔다. 그러나 자동차 후원금은 거의 모금되지 않았다. 초조한 마음으로 걱정하고 있던 어느 날, 시어머니가 우리를 불렀다. 손에는 통장 하나가 들려 있었다.

“이거 애비 이름으로 넣었던 주택청약통장이다. 니들이 맨날 선교한다고 돌아다녀 말년에 집 한 칸 없이 살 것 같아, 내 죽기 전에 니들 조그만 아파트라도 마련해 주고 죽으려고 부은 거다. 니들이 그렇게 차 달라고 금식하는 것을 보니, 이 통장을 그만 내놓아야 할 것 같구나. 이거 니들 것이니 니들 맘대로 해라.”

기도 응답은 이렇게 우리가 전혀 상상하지 못한 곳에서 왔다. 그 통장은 시어머니가 남편 이름으로 13년 동안 부은 주택청약 통장이었다. 하나님께서 이미 13년 전에 시어머니를 통해 자동차 값까지 준비시키신 것이다. 인도 선교를 위해…

“나는 너를 애굽 땅에서 인도하여 낸 여호와 네 하나님이니 네 입을 크게 열라 내가 채우리라” (시 81:10)

쓰나미로 시작된 인도 선교

다시 도착한 인도

2004년 11월 중순쯤, 두 번째 인도 땅을 밟았다. 처음엔 인도가 무조건 싫고 두렵고 떠나고 싶은 나라였다. 하지만 기도로 재무장하고, 하나님의 확실한 뜻을 알고 다시 도착한 인도는 완전히 달라 보였다.

똑같은 환경이었다. 그러나 느낌은 첫 번째와는 전혀 달랐다. 첸나이 공항에서 집으로 가는 택시 안에 앉아서 밖을 보니, 모든 것들이 친근하고 편안하게 느껴졌다.

기도의 위력은 이렇게 대단했다. 인도를 보는 관점을 완전히 바꾸게 했다.

우리는 먼저 시어머니가 준 돈으로 절실히 필요했던 자동차를 샀다. 우리 전 재산을 그야말로 인도 선교를 위해 바친 것이다. 이제 인도 선교를 위한 모든 것이 준비되었다는 확신이 들었다. 그때, '어떻게 행하나 보라!' 하신 하나님의 말씀은 이렇게 실현되었다.

인도를 덮친 쓰나미

2004년 12월 26일 이른 아침 6시경, 침대가 흔들리는 느낌이 들어 잠에서 깨었다. 처음엔 별일 아닐 거라고 생각했다. 그러나 시간이 지날수록 장난이 아닌 것 같았다. 침대 흔들리는 강도가 더 심해지고 있었다. 도대체 무슨 일이 일어난 것인지 두려운 마음이 들어 기도하기 시작했다.

기도하다가 문득, 일단 밖을 살펴보아야겠다는 생각이 들었다. 잠옷 바람이라 우선 웃옷이라도 걸쳐 입어야 했다. 옷을 찾으니 갑자기 눈이 침침해지며 잘 찾아지지 않았다. 대충 아무거나 손에 잡히는 대로 걸치고 아파트 문을 열려고 열쇠를 찾았다. 그 순간, 누군가 밖에서 우리 초인종을 급하게 눌렀다.

"띵동 띵동 띵동 띵동 띵동..."

아무래도 큰 일이 생긴 모양이었다. 다시 방으로 뛰어와 여전히 잠자고 있는 남편을 깨웠다.

"여보! 큰일 났어요. 빨리 일어나세요. 밖에 무슨 일이 일어난 것 같으니까 지금 당장 나가야 해요! 지진인가 봐요."

난 있는 힘껏 소리치며 남편을 깨웠다. 전형적인 충청도 사람인 남편은 매사에 좀 느긋했다. 반대로 난 급하고 빠른 편이다. 이번에도 남편의 충청도 기질이 발휘되었다.

"무슨 일인데 그래? 별일 아닐 거야."

남편 특유의 여유를 부리며, 일어날 생각을 하지 않았다.

"나도 몰라요. 아무튼 큰일이 생긴 게 분명하니까 빨리 아파트 밖으로 대피해야 해요! 빨리 일어나요!"

이렇게까지 다급하게 말했지만 남편이 아무런 반응을 하지 않자, 나 혼자라도 탈출하기로 마음먹었다. 되도록 빨리 아파트 문을 열고 나가야만 했다.

그런데 손이 벌벌 떨려 열쇠구멍에 열쇠를 넣을 수가 없었다. 마음은 급하고 열쇠 구멍은 맞출 수가 없고 눈물이 나려 했다. 몇 번의 시도 끝에 겨우 문을 열었다. 밖에 나가니 이미 아수라장이었다.

아파트 주민들이 대피하느라 정신이 없었다. 벌써 대부분의 사람들이 대피한 것 같았다. 엘리베이터도 가동되지 않아, 5층에 사는 나는 계단을 단숨에 뛰어 내려갔다. 아파트 밖에 나와 보니, 그야말로 난리도 아니었다.

아파트 주민들이 놀란 표정으로, 여기저기 삼삼오오 모여 있었다. 거의 잠옷 바람에 슬리퍼를 신고 있었다. 제대로 옷을 입은 사람들이 없었다. 한 인도 여자는 잠옷 바람으로 손에 머리빗을 들고 있었다. 다른 인도 여자는 잠옷 바람에 부엌에서 일하다 왔는지 국자를 들고 있었다. 그 아파트에 한국 사람도 살았는데, 그분 손에는 핸드폰만 들려 있었다. 그 모습을 보며, '위급한 상황에는 돈이고 보석이고 아무 소용없구나' 하는 생각이 들었다.

아파트 마당에서 아파트 건물 위를 쳐다보았다. 아파트 건물이 흔들리며 마치 춤을 추듯 왔다 갔다 했다. 어느 집 이층 베란다에 걸어둔 꽃바구니가 마구 흔들렸다. 그것을 보니 어느 정도의 진동이 있는지 알 것 같았다. 흔들리는 강도가 조금 더 세지면 아파트가 와르르 무너지는 것은 시간문제였다. 확실히 지진이라는 생각이 들었다.

난 아파트 마당에 쪼그리고 앉아 기도하기 시작했다.

"주님! 이게 무슨 일입니까? 지진입니까? 저희들 이제 인도에서 선교하려고 막 모든 준비를 끝냈습니다. 제발 이 지진을 당장 멈춰주세요. 제발요.

전 선교하고 싶어요. 이 인도 사람들 눈 좀 보세요. 주님 없이 불안해하는 저 눈빛… 전 아직 인도 사람 한 사람도 구원하지 못했습니다.

저는 지금 죽어도 여한이 없습니다만, 예수 모르는 이 인도 영혼들 어떻게 해요? 열심히 할게요. 제발 이 지진 좀 즉시 멈춰주세요. 저 열심히 선교하겠습니다."

그렇게 나는 그날, 내 생애 가장 절박한 기도를 드렸다.

그리고 눈을 떠 보니, 남편이 앞에 보였다. 곧바로 뒤따라 나온 모양이었다. 그런데 가만히 보니, 그의 복장이 참 남달랐다. 남들은 거의 잠옷 바람에 슬리퍼를 신었는데, 남편은 이 난리통에 넥타이만 매지 않았지, 거의 정장 차림이었다. 와이셔츠에 정장바지 그리고 구두까지 신고 있었다.

참으로 느긋한 남편. 뭐라고 할 말이 없었다.

"최성자!(남편은 내 이름 부르는 것을 좋아함) 혼자 살려고 그렇게 뛰어나갔나? 매일 다리 아프다고 하더니 5층에서 어떻게 그렇게 빨리 뛰어내려 왔어? 대단해요."

그 말을 들으니 허탈한 웃음만 나왔다. 그러면서 속으로 말했다.

'왜 벌써 내려오셨어? 한숨 더 푹 주무시지.'

구원의 '영적 쓰나미'

그때 기적처럼 아파트의 흔들거림이 멈췄다. 그러자 사람들이 주변을 이리저리 둘러보더니, 하나둘 각자의 집으로 들어가기 시작했다. 내 기도를 들어 주신 것이다. 그날 주님은 나에게 마지막 테스트를 하신 것 같았다.

"오직 나의 의인은 믿음으로 말미암아 살리라 또한 뒤로 물러가면 내 마음이 그를 기뻐하지 아니하리라 하셨느니라" (히 10:38)

12억 인도 영혼의 축복의 통로로 나를 사용하시기 전, 다시 한 번 내 믿음을 알고 싶으셨던 것 같았다.

"네 목숨을 받은 거나 마찬가지다."

나도 서둘러 집으로 들어가는데, 내 귀에 이런 주님의 음성이 들렸다. 주님이 내 믿음을 기쁘게 받으신 것이다.

가장 절박한 상황에 우리가 아버지께 드릴 것은 하나다. 바로 우리의 믿음이다. 어떤 상황에서도 나를 도우실 거라는 확실한 믿음만 있으면 응답하신다는 것을 알았다. 결국 기적은 우리의 믿음으로 일으키는 것이다.

집에 가서 정신을 차리고 보니, 웃옷도 뒤집어 입고 있었다. 그날은 주일이었다. 처음으로 인도 교회에 가서 부흥집회를 하기로 한 날이었다. 본격적으로 인도 사역을 시작하는 첫날, 인도에 쓰나미가 온 것이다.

그 다음날, 힌두신문에 대문짝만한 기사가 났다.

"인도에 100년 만에 찾아온 쓰나미(Tsunami)"

쓰나미 피해로 죽은 시체들 사진이 가득 실려 있었다. 그때 그 쓰나미로 인도에서만 17,000명(공식집계)이 죽거나 실종되었다.

그러나 우리가 알아야 할 것은, 인도에서 자연재해인 쓰나미로 죽은 사람보다 '영적 쓰나미'로 죽어가는 자가 더 많다는 것이다. 속히 구원의 손길을 뻗어 영적 쓰나미로 죽어가는 수많은 인도 영혼을 구해야만 한다.

chapter 9

선교의 황금어장 '인도'

쓰나미 효과

쓰나미가 일어난 다음날, 기아대책 상임이사였던 최부수 목사로부터 전화가 걸려 왔다. 최 목사는 남편을 신뢰하고 여러 가지로 도움을 주려고 노력하는 분이다. 인도에 큰 쓰나미가 일어났으니, 빨리 조사해서 보고하라는 내용이었다.

우리는 예수교 대한성결교회 교단 파송과 기아대책 봉사단 자격으로 인도에 왔기 때문에 전화를 받자마자, 남편은 자동차를 몰고 쓰나미 지역을 돌아보러 나갔다. 한참 만에 돌아온 남편은 놀란 표정이 역력했다.

"생각보다 정말 심각해. 마리나(Marina) 해변 근처는 이미 경찰들이 바리게이트를 쳐놓고 못 들어가게 해. 이거, 보통 심각한 상황이 아냐."

인도네시아에서 시작된 쓰나미는 인도와 스리랑카 지역까지 강타했다. 매일 신문에 쓰나미로 인한 피해사례가 실렸고, 죽은 사람의 숫자는 계속해서 늘어갔다. 피해지역도 점점 넓어졌다. 세계에서 두 번째로 긴 마리나 해변 근처는 가장 심각한 피해지역 중 한 곳이었다.

쓰나미로 인해 바빠진 건 정작 우리였다. 한국 가서 몇 달간 후원자를 연결시키려 했지만, 여전히 파송교회도 없었고 후원자도 별로 없었다. 그런데 인도에 쓰나미가 터지자, 여기저기서 관심을 갖고 연락하는 분들이 생기기 시작했다.

남편은 KBS 방송과 기독교 라디오 방송에서 인터뷰까지 하게 되었다. 인도 쓰나미 피해 현장 이야기를 듣고 싶어 하는 사람들이 많았기 때문이었다. 몇 분의 방송을 위해 한국 시간에 맞춰 새벽부터 깨어 기다려야 했지만, 그 모든 것이 감사할 뿐이었다.

방송이 나간 후 효과가 나타나기 시작했다. 남편 목소리만 방송에 나갔는데도 그 목소리를 듣고 연락해 오는 분들이 있었다. 심지어 전혀 믿지 않는 남편 초등학교 동창생들이 쓰나미 구호금을 보내오기도 했다. 그 외에도 몇 군데서 쓰나미 구호금을 보내왔다.

대대적인 쓰나미 구호작전을 펴야 했다. 인도에 온 지 일 년도 안 된 선교사지만, 발 벗고 뛰어야 하는 상황을 맞은 것이다. 이 큰 쓰나미 구호 사역을 함께 사역할 현지 동역자를 놓고 기도했다.

마침 지인이 소개시켜 준 인도 남부 C.C.C. 대표 마크(Mark) 형제가 생각났다. 남편은 당장 마크 형제에게 전화했다. 마크 형제는 바로 달려왔다. 쓰나미 구호 프로젝트를 의논하며 협력을 요청했다.

오랫동안 C.C.C.에서 사역해 온 마크 형제는 타밀나두 출신이었다. 그러니 타밀나두 지역뿐 아니라, 인도 전체에 대한 많은 정보를 갖고 있었다.

바빠진 구호활동

마크 형제가 한 가지 제안을 했다. 그 당시 여러 국제 NGO 단체에서 인도에 쓰나미 구호활동을 펼치고 있었다. 그런데 사람들이 대부분 마리나 해변 근처 가까운 지역만 구호한다는 것이었다.

정작 더 많은 피해를 입은 지역은 먼 지역인데, 거리가 멀어 사람들이 구호하기를 꺼려한다고 했다. 좀 힘들더라도 먼 지역에 큰 피해를 입은 지역을 구호하자고 했다. 좋은 생각인 것 같았다.

마크 형제가 쓰나미 피해 지역에서 온 편지를 하나 보여주었다. 나가빠띠남 지역(첸나이에서 차로 약 6시간 정도 거리)에서 온 편지였다. 우린 그 지역을 구호하기로 했다. 쓰나미 구호작전을 펼칠 구호팀을 마크 형제가 소개시켜 주었다. 우리는 그 구호팀들과 함께 조직적인 쓰나미 구호작전을 준비했다.

나가빠띠남 지역은 쓰나미 피해를 많이 입은 지역이었다. 대략 2

만 명 정도의 주민이 피해를 입은 것으로 조사되었다. 삼주 동안에 걸쳐 철저한 구호 프로젝트 준비작업을 했다. 마을 대표들을 몇 번 만나 그들의 필요를 묻자, 당장 먹고 살 것이 없으니 생활필수품을 지원해 달라고 했다. 그들과 구체적인 구호작전을 논의하고, 구호 대상 가족들 이름표도 만들었다. 드디어 날짜를 정하고 대대적인 쓰나미 구호작전에 돌입했다.

쓰나미 피해를 입은 사람들은 당장 생활에 필요한 용품들이 턱없이 부족했다. 그래서 마을 전체 사람들에게 생활필수품과 슈트케이스(suitcase)를 주며 구호작전을 펼쳤다. 그 마을 이장이 힌두교를 믿는 사람이어서 우리에게 복음을 전하지 않는다는 조건으로 구호활동을 해달라고 부탁했다.

인도 사역의 방향

하지만 우리가 구호를 펼치는 목적은 분명했다. 지금 당장은 생활필수품이 필요할지 몰라도, 결국 그들에게 필요한 건 바로 예수였다. 쌀자루 안에 말씀테이프를 넣고 슈트케이스 안에도 넣었다. 큰 트럭 몇 대가 이 마을에 들어가 하루 종일 대대적인 구호 작전을 펼쳤다.

그 후에도 나가빠띠남 지역뿐만 아니라, 쓰나미 피해를 당한 안드라프라데쉬와 꾸빰 지역 등 몇 군데서 구호활동을 펼쳤다. 몇 달 동안에 걸쳐 여기저기서 쓰나미 구호작전을 펴느라 정신이 없었다. 쓰나미 구호사역을 통해 타밀나두 전체와 인도 상황을 아는 좋은 기회가 되었다. 다니면서 보니, 타밀나두 주에 교회도 많았고 목회자들도 많았다. 놀라운 일이었다.

'인도가 이렇게 복음에 열려 있다니...'

'인도가 선교의 황금어장'이라는 확신이 들었다. 이런 상황에서 우리가 할 수 있는 사역이 무엇인지 기도하기 시작했다. 또한 이들의 필요가 무엇인지 알고 싶었다. 인도 목회자들을 만나 많은 대화를 하며 그 필요를 알려고 노력했다. 그들과 대화하다 보니, 서서히 인도 사역의 방향과 윤곽이 잡혀가기 시작했다.

타밀나두에 많은 교회와 목회자들이 있지만, 대부분의 교회들이 성장하지 못하고 정체되어 있었다. 몇 년이 지나도 부흥되지 못한 채 영적으로 죽어 있는 교회들이 많았다.

현지 교회들이 성장하지 못하는 이유가 두 가지라고 여겨졌다. 첫째, 현지 목회자들의 정체성 결여와 리더십 문제 둘째, 건강하고 바른 신학교육의 부재였다. 이 두 가지를 해결해야만 인도 교회의 부흥과 미래가 보장된다는 생각이 들었다.

양적인 부분보다는 질적인 부분을 도와 줄 사람이 인도에 필요했다. 인도 선교사로서 이 부분을 도와주는 것이 가장 시급하고도 중요한 사역임을 알았다.

우리가 흔들림 없이 받은 비전을 끝까지 품으면, 주님은 가장 최선의 방법으로

역사하신다. 하나님은 우리가 알지 못하는 방법으로 얼마든지 일하시는 분이다.

오로지 그분께 맡기고 믿음으로 나아가면 반드시 이루시는 분이다. 하나님으로부터

온 비전, 하나님을 기쁘시게 하는 비전, 그분의 영광을 드러내는 비전은

반드시 이루어진다.

Part. II
인도에서 기름 부으심

chapter 1

반드시 이루시는 하나님

인도가 필요로 하는 사역

인도의 절실한 필요를 보았으니 이제 구체적으로 어떤 사역을 해야 할지 알아야 했다. 우리 가족은 매일 가정예배를 드리며 기도하기 시작했다.

"주님! 여기서 우리가 해야 할 사역이 무엇인지 자세히 가르쳐 주세요. 또한 인도사역을 위한 기도와 물질의 동역자들을 만나게 해 주세요."

우리는 눈만 감으면 기도했고, 모였다 하면 가정예배를 드렸다. 어느 날, 이사야서를 읽다가 한 성경 구절에 내 눈이 멈췄다.

"네 은은 찌꺼기가 되었고 네 포도주에는 물이 섞였도다"(사 1:22)

이 말씀을 읽자마자, 인도 현지 목회자들의 영적 상태가 어떤지 느껴졌다. 인도에 많은 목회자들이 있지만, 주님이 쓰실 만한 영적 지도자가 별로 없다는 것이었다. 그들의 삶이 순수하지 않고 뭔가 불순물이 섞여 있다는 뜻이었다.

주님이 인도에서 찾으시는 새 영적 지도자를 훈련해야겠다는 생각이 들었다. 인도 민족 복음화를 주도할 새 시대 새 영적 지도자를 양성하는 것, 바로 그 사역이었다. 이 시급하고도 막중한 사역 때문에 우리 가족을 인도로 부르신 것이라는 생각이 확실히 들었다.

"또 네가 많은 증인 앞에서 내게 들은 바를 충성된 사람들에게 부탁하라 그들이 또 다른 사람들을 가르칠 수 있으리라"(딤후 2:2)

그러나 당장 우리 눈에 보이는 현실은 너무 힘들고 어렵기만 했다. 어디서부터 어떻게 이 사역을 시작해야 할지 몰랐다. 그리고 도대체 누가 우리를 도울지 막연하기만 했다. 게다가 이런 목회자 훈련 사역에 대해 첸나이에 먼저 온 몇몇 한국 선교사들과 나눴더니, 거의 대부분이 부정적이었다.

"선교사님! 인도 목회자들은 배우기를 싫어하고 게으릅니다. 하루 종일 앉아서 공부하라고 하면 놀라서 집에 갈 겁니다. 선교사님이 지금 인도에 오신 지 얼마 안 돼서 이곳 사정을 잘 몰라서 그런 사역을

2006년 1월 최초로 세워진 띠루물라이바얄 목회대학원에서 강의하는 저자

하려고 하는 겁니다. 안 돼요.”

자꾸 이런 부정적인 말을 듣다보니, 정말 그럴 수도 있겠다는 생각이 들기도 했다. 하지만 내가 받은 비전은 분명했기에, 더욱 기도하면서 부지런히 이 사역을 동역할 현지 목회자를 알아보기 시작했다. 만나는 현지 목회자들에게 목회자 훈련에 대한 우리의 비전을 나눴다. 그러자 의외로 일들이 빨리 진행되었다.

비전을 붙들어라

마크 형제가 소개시켜 준 첼라도라이(Chelladurai) 목사를 만나게 되었다. 첸나이 북쪽지역인 암바뚜 지역에서 영향력 있게 목회하는 분으로 교회도 제법 컸다. 첼라도라이 목사에게 목회자 훈련에 대한 우리의 비전을 나누고, 혹시 목회자 훈련학교를 같이 할 의향이 있는지 물어보았다. 그는 흔쾌히 허락했다. 자신도 오랫동안 기도하며 인도 목회자들을 훈련하고 싶었다고 했다.

주님이 주신 비전을 붙들고 믿음으로 나아가면 주님이 일하신다. 눈에 보이는 부정적인 환경을 바라보고, 어려운 환경만 보고 포기하면 안 된다. 하나님은 우리를 도우실 방법이 너무 많으신 분이다. 우리가 흔들림 없이 받은 비전을 끝까지 품으면, 주님은 가장 최선의 방법으로 역사하신다.

하나님은 우리가 알지 못하는 방법으로 얼마든지 일하시는 분이다. 오로지 그분께 맡기고 믿음으로 나아가면 반드시 이루시는 분이다. 하나님으로부터 온 비전, 하나님을 기쁘시게 하는 비전, 그분의 영광을 드러내는 비전은 반드시 이루어진다.

"만군의 여호와께서 맹세하여 이르시되 내가 생각한 것이 반드시 되며 내가 경영한 것을 반드시 이루리라" (사 14:24)

chapter 2

드디어 문이 열린 인도 선교

사람 키우는 사역

2005년 11월, 제일소망교회 최익성 목사 일행이 인도에 왔다. 기아대책 본부 이사인 뉴라이프 교회 박유신 목사와 기아대책 중부지회 지부장 전응림 목사 팀이었다.

최 목사는 그 당시 기아대책 안양지회 회장이었다. 이분들은 아직 인도에서 본격적인 사역을 시작하지 못하고 있는 우리에게 많은 격려와 위로가 되었다.

며칠 간의 인도 방문을 마치고 한국으로 돌아가는 날, 최 목사는 우리를 조용히 불러 물었다.

민트 목회대학원생들과 담화하는 모습

"선교사님! 인도에서 무슨 사역을 하고 싶으세요?"

"목사님! 하나님께서 그 동안 저희를 이 모양 저 모양으로 많이 훈련시키셨습니다. 그 훈련하신 목적을 인도에 와서 깨달았습니다. 그것은 바로 현지 목회자들을 훈련하는 사역입니다."

그리고 사역에 필요한 예산을 말씀드렸다.

"아! 그거 좋은 생각입니다. 사람을 키우는 것만큼 귀하고 가치 있는 사역은 없습니다. 그 정도는 우리 안양지회에서 후원할 수 있으니 내년 1월부터 시작하세요."

인도에 와서 매일 눈물로 기도한 것이 이루어지는 순간이었다. 나는 늘 기도하기를, 내가 좋아하는 사역이 아닌 '인도가 필요로 하는 사역'을 하게 해 달라고 기도했었다. 이 땅이 필요로 하는 사역을 하고 싶은 간절한 소망이 있었다. 그것을 위해 열심히 기도한 결과, 생각지도 않은 곳에서 후원의 길이 열린 것이다.

최 목사와는 그 전에 안면이 전혀 없었다. 기아대책을 통해 처음 만난 분이었다. 그런데도 주님은 우리가 알지도 못했던 준비된 후원자를 통해 주님이 주신 비전을 이루어 가셨다. 기도는 무에서 유를 창조하는 최대의 영적 무기라는 것을 그때 또 한 번 알았다.

처음엔 어떻게 학생을 모집해야 하나 걱정이었지만 그 부분도 다 알아서 역사하셨다. 첼라도라이 목사는 암바뚜와 띠루물라이바얄 지역 교회 대표여서 많은 목회자들을 알고 있었다.

학생 모집은 그분을 통해 자연스럽게 이루어졌다. 나중엔 너무 많은 목회자가 등록하려고 해서 그게 더 문제였다. 가르칠 교재도 걱정했지만, 그것도 확실하게 해결해 주셨다. 마크 형제를 통해 알아보니, 미국 선교사가 선교지에서 현지 목회자들을 훈련시킬 영어 교재를 만들어 놓은 것이 있다고 소개해 주었다. 이 얼마나 치밀하신 일 하심인가!

비전을 붙잡다

그렇게 해서 2006년 1월, 드디어 제1기 인도목회대학원 사역이 멋지게 시작되었다.

우리가 한 일은 한 가지였다. 바로 '비전을 붙잡은 것' 이다. 기도해서 받은 비전을 끝까지 붙들었을 때 그 다음은 하나님이 일하셨다. 아주 구체적으로 일하셨다. 예수 안에서 성공하는 지름길은 없다. 무조건 살아계신 주님만 믿고 나아갈 때 역사는 이루어진다. 그 믿음이 주님을 기쁘시게 하는 것이고 아버지가 기뻐하시는 것이면 역사는 이루어지게 된다.

처음엔 인도목회대학원 학교 하나도 하기 힘들었지만, 이 귀한 사역에 하나님의 기름 부으심이 더해져, 매년 필요한 곳마다 학교가 세워지는 놀라운 역사가 일어나고 있다.

그리고 이 인도목회대학원 사역을 시작으로 그 후 또 다른 많은 사역을 낳게 되었다. 인도사모대학 사역, 천 개 교회 건축 사역, 아버지 학교 사역, 목회자 자녀 사역, 가정사역, 부흥집회와 세미나 사역 등 많은 사역들을 할 수 있는 길들이 열렸다. 정말 놀라우신 하나님의 지혜요, 일하심이 아닐 수 없다.

"네 시작은 미미하였으나 네 나중은 심히 창대하리라" (욥 8:7)

chapter 3

여자라는 편견을 깨다

첫 수업

2006년 1월 둘째 주 화요일, 역사적인 제1기 인도목회대학원 (India Pastoral Seminary) 사역이 시작되었다.

매주 화요일 첼라도라이 목사 교회에서 교육하기로 했다. 나도 한 과목을 가르쳐야 했다. 하지만 영어로 가르치는 일은 생전 처음이라 부담이 됐기에 하나님께 기도했다.

"주님! 저 영어로 수업해야 하는데 어떡합니까? 영어로 대화하는 것도 아직 힘듭니다. 제발 좀 도와주세요. 너무 떨립니다. 실수하면 어떡합니까?"

그러자 마음속에서 평안이 느껴지며 응답이 왔다.

"내 딸아, 걱정 말아라. 그 동안 네가 아는 영어 단어만 사용해도 충분히 가르칠 수 있단다. 그들도 영어를 잘 못하는 사람들이니 첼라도라이 목사가 네 영어를 잘 알아듣고 통역을 잘 하면 된다. 미국 사람이 영어 잘한다고 내가 다 선교사로 쓰는 것 아니다. 언어는 걱정 말고 맘껏 가르쳐라."

놀라운 말씀이었다. 갑자기 마음이 평안해졌다. 더 이상 언어에 대해 걱정하지 않기로 했다.

첫날 오리엔테이션을 마치자, 성격 급한 내가 첫 강의를 했다. 필리핀에서 영어로 십 년 이상 설교한 남편을 제치고 용감하게 나선 것이다.

막상 학생들 앞에 서니 무슨 말을 해야 할지 막막했다. 잠시 좀 머뭇거리며 웃기만 하고 있다가, 용기를 내어 말했다.

"하나님께 기도했었습니다. 인도에 필요한 사역이 무엇인지를 물었더니 하나님께서 응답을 주셨습니다. 새 시대 새 영적 지도자를 훈련하라고 하셨습니다. 여러분들이 바로 그 주인공입니다. 그리고 오늘이 그 역사적인 첫날인 것입니다."

나름대로 힘 있게 이야기한다고 했는데, 반응은 영 썰렁했다. 영어라 두서없이 말한 것 같기도 했다.

'내 영어가 좀 이상한가? 이상해도 하는 수 없지, 갑자기 영어를 잘 하게 될 수도 없는 일이니, 주여, 도와주시옵소서. 주님을 믿습니다.'

강의 도중 틈틈이 짬을 내어 기도를 했다. 그날 어떻게 강의했는지도 모르게 시간이 흘러갔다. 그런데 강의 끝 무렵, 나도 모르게 이런 말을 꺼냈다.

"여러분들은 제가 여자라 저한테 배우기가 좀 어색하신 모양입니다. 그런데 저는 여러분들을 가르칠 만한 자격이 있는 사람입니다. 필리핀에서도 10년간 선교했고 지금은 박사 논문을 쓰고 있습니다.

선교사 경력만 15년이 넘는 사람입니다. 젊은 여자가 가르친다고 해서 선입견을 갖지 마세요. 그리고 제 나이는 마흔 둘입니다(이 부분에서 많이들 놀라는 표정이었다).

한 달만 제 강의를 들어보시기 바랍니다. 그리고 평가해 주세요."

약속한 한 달

이렇게 말한 것에는 다 이유가 있었다. 인도는 아직도 철저한 남성중심 사회다. 남존여비 개념이 강한 나라다. 첼라도라이 목사가 이렇게 말하는 것을 들은 적이 있었다.

"인도 사람들은 나이 많은 사람에게 배우기를 좋아합니다. 그리고 여성에게 배우는 것을 별로 좋아하지 않습니다."

인도 사람들은 대개 실제 나이보다 열 살 정도 더 나이가 들어보였다. 수염도 기르고 연륜이 있어 보여 나이를 물어보면, 나보다 많이 어려 놀랄 때가 많았다.

또 내 나이를 말하면, 나이에 비해 너무 젊다며 다들 놀라는 눈치였다. 그래서 강의를 하면서 나이를 밝혔던 것이다. 나를 외모만 보고 너무 젊게 생각해 나한테 배우기 꺼려할까 봐 일부러 나이를 말한 것이다. 그 당시 내 나이가 마흔은 넘었으니 그나마 다행이란 생각을 했다. 인도에서 목회자들을 가르치려면, 빨리 나이를 드는 게 좋겠다는 우스운 생각까지 들었다.

그나저나 한 달만 내 강의를 들어보라고 큰소리는 쳤지만, 속으로는 걱정이 이만저만이 아니었다. 한 달 안에 유창하게 강의할 만큼 영어 실력이 느는 것도 아닌데 왜 큰소리를 쳤는지 후회스러웠다.

그러나 이미 엎질러진 물, 어찌하겠는가. 내 말에 책임을 지기 위해서라도 열심히 강의 준비를 했다. 남편은 남자라고 오십 점 따고 들어가고, 나는 여자라고 오십 점 감점되는 상황이었다.

여자로 태어나

이래저래 인도에서는 여자라서 억울했다. 하지만 나는 여자로 태어난 것을 자랑스럽게 여긴다. 인도에서 여성의 존귀함과 위대함을 드러내는 것도 내게 주어진 사역이라는 생각이 들었다.

이제 내 강의를 통해 그것을 증명해야만 했다. 새벽까지 강의 준비를 했다. 한 시간 반 강의를 위해 일주일 내내 준비했다. 성경 읽고 참고도서 읽고 관련 자료도 읽었다. 영어로 된 강의안을 소리 내어 몇 번이고 읽었다. 며칠 지나자, 강의 내용을 거의 외우다시피 했다. 그랬더니 자신감이 생겼다.

그 다음 주부터, 내가 영어를 못한다는 생각은 아예 하지 않았다. 나는 영어를 아주 잘한다는 자기최면적 자신감을 가지고 강의했다. 문법이 맞든지 안 맞든지, 신경 쓰지 않고 자신 있게 강의하기 시작했다. 날이 갈수록 내 강의가 좋아지는 것이 피부로 느껴졌다. 또한 매 강의마다 성령님이 함께 하심을 알 수 있었다.

드디어 약속한 한 달이 지났다. 첼라도라이 목사가 나한테 다가오더니 이렇게 말했다.

"선교사님, 말씀드리기 좀 그렇습니다만, 목회자들이 박 목사님 강의보다 선교사님 강의를 더 좋아합니다."

"그래요? 호호호…"

목회자들을 가르치는 것은 내 오랜 꿈이요 비전이었다. 주님은 철저한 훈련 끝에, 그 사역을 인도에서 허락하셨다. 사실 내가 남편보다 더 나은 것은 없지만, 더 열심히 기도하고 더 열심히 강의준비를 하고 더 열심히 학생들을 가르치려고 노력해서 그런 결과가 나온 것이리라. 열심히 하는 자를 누가 당하랴!

"그러므로 너희 담대함을 버리지 말라 이것이 큰 상을 얻게 하느니라" (히 10:35)

chapter 4

힌두 사제가 목회자로

첼라무뚜 목사

인도목회대학원에는 많은 현지 목회자들이 훈련을 받고 있다. 학생을 인터뷰하면서 어떻게 목회자가 되었는지 들어보면, 별의별 다양한 간증이 많다.

그 중에 한 분을 소개하고자 한다. 힌두사제(Hindu priest)에서 목회자로 헌신한 첼라무뚜 목사다. 첼라무뚜 목사는 타라마니 목회대학원 학생이었다. 이분은 페룽구디(Perungudi) 빈민지역에서 목회하는 분이다.

첼라무뚜 목사의 간증은 이렇다. 인도는 마을 입구마다 힌두사원을 짓는다. 그런데 첼라무뚜 목사가 사는 페룽구디 마을에 힌두사원이 없었다. 친구 중 하나가 정치인이어서 그에게 힌두사원을 짓도록 후원을 부탁했다. 그 친구는 흔쾌히 후원약속을 했고 힌두사원이 건축되자, 자연스럽게 첼라무뚜 목사가 사제가 되었다.

힌두사제는 한 사원을 관리하며 제사를 드리는 사람이다. 그는 주로 마을 공동체에서 주는 봉급을 받고 일한다. 오직 힌두사제만이 신당에 있는 우상들에게 새 옷을 입히고 관리할 수 있는 권리가 있다. 또한 집안대소사 일에 힌두사제가 가서 제사를 드려준다. 인도에서는 힌두사제가 종교적으로 존경받는 직업이다.

그런데 첼라무뚜 목사는 10년 이상을 힌두 사제로 일하고 있었지만 늘 가난했다. 마을 사람들이 가난해 힌두사원에 헌금을 하지 못했기 때문이었다. 그리고 늘 마음이 불안했고 뭔가 허전했다.

그러던 어느 날, 힌두사원 앞에 떨어져 있는 전도지를 보게 되었다. 그 전도지에 로마서 6장 23절 말씀이 적혀져 있었다. '죄의 삯은 사망'이라는 말씀을 읽자, 갑자기 자신이 하는 일이 두려워지기 시작했고 뭔가 자신의 삶에 탈출구가 있어야 한다는 생각이 강하게 들었다. 또한 더 이상 자기를 도와 줄 수도 없는 힌두 신들이 다 헛된 것이라고 느껴졌다.

그 다음날, 친구가 교회로 초청을 하자, 그 즉시 그를 따라 교회에 처음으로 나가게 되었다. 그 교회 목사가 예배가 끝나고 자신을 위해 기도해 주었다. 기도하는 중에 갑자기 자기 안에 있던 악한 영이 떠나가는 것을 볼 수 있었다.

힌두사원 옆에 세워진 교회

그 후 그는 힌두사원에 가서 모든 기물을 때려 부수고 불태워버렸다. 그러자, 말할 수 없는 마음의 평안이 찾아왔고 열심히 신앙생활을 해 목회자가 되었다.

첼라무뚜 목사는 자신이 10년 넘게 힌두사제로 일하던 힌두사원 바로 옆에 교회를 개척했다. 오랫동안 힌두사제였던 그가 자신이 일하던 힌두사원 바로 옆에 교회를 개척하자, 동네 사람들이 화가 나 갖은 박해를 하기 시작했다. 예배드릴 때마다 시끄럽다고 경찰에 신고해 경찰이 출동한 것이 한두 번이 아니었다. 마이크 시설도 몇 번이나 도난당하는 등 온 동네 사람들이 적이 된 것 같았다.

그러나 첼라무뚜 목사는 그런 고난에 굴하지 않고 목회를 계속 했다. 끊임없이 자신이 만난 예수에 대해 간증하며 동네 사람들을 붙잡고 전도했다. 그러자 서서히 교인들이 모이기 시작했고 동네 사람들도 그의 완벽한 변화를 인정하지 않을 수 없었다.

이렇게 열심히 목회를 하다가 2007년 1월, 타라마니 인도목회대학원에 입학하게 된 것이다. 그는 수업 때마다 말씀에 감동하여 자주 울었고 자신을 불러주신 하나님의 사랑을 더 깊이 체험하게 되었다. 또한 교회 건축을 위해 간절히 기도하던 중, 2010년 복된 교회 후원으로 교회도 멋지게 건축했다.

첼라무뚜 목사의 축복은 계속되었다. 첫째 아들이 결혼할 때 남편이 주례를 섰다. 결혼식에 참석한 사람들이 첼라무뚜 목사가 축복받은 것을 보고 큰 도전을 받았다. 그 후로 첼라무뚜 목사를 통해 인도목회대학원에 등록하려는 목회자가 끊임없이 찾아온다.

아들을 결혼시킨 후, 약간 힘든 일이 있기도 했다. 아들이 결혼하고 함께 살면서 며느리와의 관계에서 문제가 있었다. 나에게 상담을 부탁해 첼라무뚜 부부와 아들 부부를 불러, 말씀에 근거해 어떻게 시어머니와 며느리가 좋은 관계를 유지할 수 있는지 말해 주었다.

감사하게도 곧 고부 사이의 오해가 풀렸다. 그 다음부터 아름답고 행복한 고부관계가 되었다.

인도에서 성령의 역사는 강하게 일어난다. 첼라무뚜 목사처럼 힌두사제라도 그 종교적인 직업을 넘어서 뜨겁게 역사하신다. 2011년 6월엔 첫 손녀도 보았다. 처음으로 집안에 여자 아이가 태어났다고 좋아했다.

첼라무뚜 목사는 이미 타라마니 목회대학원을 졸업했지만 자주 타라마니 목회대학원에 온다. 올 때마다 우리에게 코코넛을 가져온다. 우리에게 진 사랑의 빚을 갚고 싶기 때문이라고 한다.

인도에서 코코넛은 중요하다. 열병 걸릴 때 코코넛 물을 마시면 열이 식는다. 인도는 더운 나라여서 일 년 내내 열병이 돈다. 그래서 코코넛 물을 자주 마셔야 한다. 첼라무뚜 목사가 가져 온 코코넛 덕분인지 그 다음부터 열병에 걸리는 횟수가 확실히 줄었다. 감사한 일이 아닐 수 없다. 목회와 가정에 골고루 복을 받는 첼라무뚜 목사를

힌두사제에서 신실한 목회자가 된 첼라무뚜 목사 부부

볼 때마다, 힌두사제의 삶을 살던 사람을 극적으로 변화시켜 놀랍게
사용하시는 하나님의 역사에 감탄하곤 한다.

chapter 5

주술사가 목회자로

인도의 주술사들

이왕 내친 김에 한 분을 더 소개하고 싶다. 주술사(witchcraft)에서 목회자가 된 스탠리 목사다.

스탠리 목사는 2010년 8월 벨루 목회대학원 학생으로 입학했다. 하루는 강의를 하는데 머리가 무척 아팠다. 내 경험에 의하면, 이럴 때는 성령이 뭔가 하고 싶은 일이 있다는 뜻이다. 무슨 일인지 궁금해 강의를 하면서 학생 한 사람 한 사람을 주시하기 시작했다.

그런데 스탠리 목사를 보자 내 눈이 그분에게 고정되었다. 성령이 그 목사를 상담하라는 지시를 보냈다. 강의가 끝나고 스탠리 목사를 상담했다. 그분과 마주앉아 있는데 계속 머리가 아팠다. 이분 안에 성령이 아닌 다른 영이 역사하고 있는 것이 분명했다. 그래서 그분의 라이프 스토리를 듣기 시작했다. 아니나 다를까 깜짝 놀랄 만한 간증이 있었다.

그는 15년 이상 주술사였다. 주술사는 인도 어디에서나 활동한다. 주술사는 주로 남의 원수를 갚아주거나, 저주해 병을 주거나 사고가 나게 하는 사람이다. 사람 간에 분쟁이 생기고 억울한 일이 생겨, 남을 저주하고 싶을 때 주술사의 힘을 빌린다.

주술사들은 자기에게 남을 저주하는 능력이 있다고 말하며, 이런 일을 적극적으로 도와주겠다고 나선다. 그러나 이들의 목적은 오로지 사람들을 속여 돈을 버는 것이다. 적게는 몇만 원부터 몇백만 원까지 그 일의 중요도에 따라 흥정이 이루어진다.

인도에는 비공식적으로 비밀스럽게 주술사들을 교육하는 학교까지 있다. 그래서 어떻게 사람을 저주하고 나쁜 일이 생기게 하는지 가르친다. 스탠리 목사는 주술 실력(?)이 소문나 제자들이 많았다. 주술사들은 대체로 돈을 많이 벌어 생활도 넉넉한 편이다.

주술사의 통곡

그런데 어느 날, 위험한 일이 생겼다. 스탠리 목사가 저주해 집안에 우환이 생겼다고 믿은 한 남자가 칼을 들고 집으로 들이닥친 것이다. 놀란 스탠리 목사는 그 길로 무조건 달아나기 시작했고 한참을 달려 도착한 곳이 하필이면 교회였다.

그는 교회 안으로 들어서자 웬일인지 알 수 없는 평안을 느꼈다. 안도의 숨을 쉰 스탠리 목사는 그 교회 목사로부터 난생 처음, 예수에 대한 이야기를 듣게 되었다.

목사 이야기를 듣던 그는 갑자기 눈물이 나기 시작했고, 그 눈물은 곧 통곡으로 변했다. 예수는 사람들을 사랑하고 축복하러 이 땅에 왔는데 자신은 남을 저주하는 못된 삶을 살았다는 생각이 들자, 말할 수 없는 죄책감이 느껴져 통곡을 한 것이다.

그날 그는 예수를 영접했다.

스탠리 목사

스탠리 목사가 말하기를, 모든 주술은 가짜고 거짓 속임수라고 한다. 그러면서 이야기 하나를 해 주었다.

스탠리 목사가 주술사였을 때, 어떤 집에서 원수를 갚고 싶어 한다는 이야기를 동네 사람한테 듣고 찾아갔다. 그 집에 가서 그 이야기를 못 들은 척하며 이 가정에 대해 동네 사람에게 들은 이야기를 했다. 그러자 그 가족들은 신통한 주술사라며 믿기 시작했다.

그 틈을 타서 스탠리 목사는 일반 달걀을 하나 보여주며 내일 이 달걀이 10배로 커질 것이니 두고 보라고 말했다. 그 다음날 그 집에 가서 미리 준비한 10배 크기의 달걀을 보여 주면, 정말 주술사의 힘이 대단해서 달걀이 그렇게 커진 줄 알고 대부분의 사람들이 믿는다고 한다.

상식적으로 이해가 안 되지만, 예수를 모르는 자들 안에서 이런 믿을 수 없는 일이 일어나는 곳이 인도다. 그러니 얼마나 복음이 필요한 땅인가! 이럴 때마다 속히 인도에 복음이 전해져야 한다는 절박한 마음이 더 생긴다. 그 후로 스탠리 목사는 처음 만난 그 목사 밑에서 신앙 교육을 몇 년 받고 목회자가 되었다.

그런데 목회자가 된 후로도 가끔 머리가 아프고 악몽을 자주 꾼다고 했다. 그의 이야기를 듣고 나니, 강의 도중, 내 머리가 갑자기 왜 아팠는지 알 것 같았다. 여전히 그 목사 안에 주술을 행하던 악한 영이 남아 있었던 것이다.

즉시 그에게 있는 악한 영을 쫓아내는 기도를 했다. 기도를 마치자, 그의 얼굴이 평안해지는 것을 느낄 수 있었다. 그 다음부터 스탠리 목사는 머리 아픈 것이 사라졌고 악몽도 꾸지 않는다. 지금은 벨루 목회대학원에서 평안한 마음으로 열심히 훈련받고 있다.

chapter 6

12억 인도 영혼의 축복의 통로

AFT교회의 여자 목사

2006년 1월부터 인도에서 본격적으로 인도목회대학원 사역을 시작했다. 일주일에 한 번씩 3년 과정 코스로 가르친다. 그리고 주일마다 학생들이 목회하는 교회를 돌며 부흥집회를 인도한다. 현지 목회자들의 목회 현장을 알고 싶어서다. 목회현장을 잘 알아야 잘 가르칠 수 있을 것 같아 정말 열심히 다녔다. 주일 집회 사역이 없는 날에는 길퍽 지역에 있는 AFT(Apostolic Fellowship Tabernacle)교회에서 예배를 드렸다.

이 교회는 성도 수가 7,000~8,000명 정도 되는 큰 교회였다. 담임인 샘 첼라도라이 목사는 미국에서 신학을 공부한 분이다. 그는 미국에서 신학 공부를 마치고 인도로 돌아와 교회를 개척해 크게 성장시킨 입지전(立志傳)적인 인물이다. AFT교회에는 영어예배와 뜨거운 찬양이 있어 좋다.

어느 날 주일, 인도 교회 부흥집회 스케줄이 없어 AFT교회를 가게 되었다. 샘 첼라도라이 목사는 출타 중이었고, 처음 보는 미국 여자 목사가 와서 예배를 인도하고 있었다.

그 여자 목사는 설교를 비교적 짧게 하더니, 본격적으로 자신의 사역을 시작하겠다며 교회 성도를 둘러보면서 말했다.

"지금 여기에 성령이 오셨습니다. 이제부터 성령이 여러분에게 임하실 것입니다."

나는 '이런 스타일은 샘 첼라도라이 목사의 스타일이 아닌데 왜 이런 목사를 강사로 불렀을까?' 하고 의아스럽게 생각하며 앉아 있었다. 그때 그 여자 목사가 예언의 말을 시작했다. 이런저런 예언을 잠깐 하더니 이렇게 말했다.

"저기 뒤에 앉아 있는 노란 원피스 입은 여자분! 주님이 크게 쓰시기를 원하십니다."

가만히 보니, 노란 원피스를 입은 사람은 나 한 사람뿐이었다. 그 말이 떨어지자마자, 교회 전체에 성령의 임재하심이 강하게 느껴졌다. 그런데 뭔가가 나에게 다가오는 것이 느껴졌다. 어떤 강한 영의 기운이 점점 내게로 다가오는 느낌이었다. 그러자 갑자기 내 눈에서 눈물이 흐르기 시작했다. 잠시 후, 그 뜨거운 영이 내 가슴에 그대로 들어왔다. 성령이 내 가슴에 뜨겁게 임재하신 것이다. 그때 성령이 말씀하셨다.

"내가 너를 12억 인도영혼을 치료하고 회복하는 자로 쓰겠노라!"

또렷한 성령의 음성이 내 귀에 들렸다. 내 눈물은 그칠 줄 몰랐고 곧 통곡이 되었다. 아무리 눈물을 멈추려 해도 멈춰지지 않았다. 바로 옆에 앉아있던 남편도 갑작스러웠는지 왜 우느냐고 물었지만, 그 상황을 어떻게 말로 설명할 수 없었다. 그래도 어떻게 해서든지 이 상황을 말해주고 싶었다. 목이 막혀 말이 나오지 않아 겨우 떠듬떠듬 말했다.

"지금…성령이…찾아…오셨어요."

남편도 곧 내가 왜 그러는지 알아차리고 내 손을 잡고 기도해 주었다. 인도 성도들이 심하게 울고 있는 나를 힐끔힐끔 쳐다보는 것이 느껴졌다.

한 시간 정도 울고 나서야 눈물이 멈췄다. 온몸의 진액이 다 빠져나간 듯 힘이 없었다. 눈물을 대충 닦고 강단 앞을 보았다. 여자 목사에게 안수를 받으려는 몇 명을 빼 놓고는 사람들이 거의 빠져 나가고 없었다.

아무래도 그 목사에게 안수를 받아야 할 것 같아 용기를 내었다. 안수 기도를 마치고 교회 밖으로 나가려는 그 여자 목사를 다급하게 불러 세웠다. 그리고 방금 전 나에게 어떤 일이 일어났는지 간단하게 설명했다. 그러자 그 여자 목사가 아주 기뻐하며 말했다.

"당신 때문에 오늘 내가 이 교회에 온 것 같군요. 제가 기도해 드리지요."

그리고는 내게 다가와 뜨겁게 안수기도를 해 주었다.

강하고 귀한 하나님의 여인

몇 달이 지난 어느 주일, 다시 AFT교회에 가게 되었다. 그런데 놀랍게도 그 미국 여자 목사가 강단에 앉아 있었다. 같은 강사가 같은 교회에 몇 달 후에 다시 오는 것은 드문 일이다.

'내가 온 날 하필 저 여자 목사가 또 오다니...'

뭔가 주님의 섭리가 강하게 느껴졌다. 강단에 앉은 미국 여자 목사를 보더니, 남편이 한 마디 했다.

"최성자 때문에 또 오신 것 같네."

알 수 없는 신비한 느낌에 휩싸여 예배를 드렸다. 예배가 끝나자, 그 여자 목사는 그 전처럼 한 사람씩 안수기도를 해주겠다고 했다. 수많은 사람들이 강단 앞으로 우르르 몰려갔다. 나는 어떻게 해야 할지 잠시 망설였다.

'지난번에 안수 받았는데 또 받아야 하나? 나를 기억하려나?'

여러 가지 생각이 들었다. 하지만 이렇게 또다시 만난 것도 주님의 뜻이라는 생각이 들어 다시 안수기도를 받기로 했다. 강단 앞에 이미 많은 사람들이 줄을 서 있어 그들이 안수기도를 다 받으려면, 한 시간은 족히 기다려야 할 거 같았다.

어떻게 할까 잠시 고민하다가, 결심을 하고 강단 앞으로 걸어 나갔다. 강단 주변에는 몇 겹으로 사람들이 둘러싸고 있어 나는 멀찌감치 뒤에 서 있었다. 그러다가 시간이 좀 오래 걸리면 포기하고 그냥 집에 가야겠다고 생각하고 있었다.

그때 강단 저쪽 끝에서 안수기도 하던 여자 목사가 나를 쳐다보는 것 같더니, 갑자기 방향을 틀어 내 쪽으로 걸어오는 것이었다. 그리고 이렇게 말했다.

"You, mighty and precious woman of God!(강하고 귀한 하나님의 여인이여!)"
Please, come over here(이리 오세요)."

이상한 느낌이 들어 주위를 돌아보니 여자는 나뿐이었다.

"Me?(저요?)"
나는 손가락으로 나를 가리키며 그녀에게 물었다.
"Yes, you. Please, come(예, 당신 맞습니다. 오세요)."

나는 즉시 내 앞에 빽빽이 서 있는 사람들을 제치고 그녀 앞으로 나갔다. 그 여자 목사는 나에게 손을 얹더니 이렇게 말했다.
"지난번에 제가 기도해 준 분이군요. 제가 기도했듯이, 이제, 당신에게 주신 여러 은사를 마음껏 사용하세요."

"아멘! 아멘!"

인도를 뒤집어 엎을 것만 같은 놀라운 힘과 용기가 솟았다. 내가 의심할까 봐 하나님은 다시 한 번 나에 대한 기름 부으심을 이런 식으로 확인시켜 주셨다. 드디어 12억 인도 영혼의 영과 육을 축복하는 '축복의 통로'로 기름 부으심이 임한 것이다.

chapter 7

인도 여성을 위해 일어서다

네가 하냐? 내가 하지!

목회자들을 가르치는 사역이 소문나자, 인도 사모들 몇 명이 남편을 따라 학교에 나오기 시작했다. 어떤 학교인지 알고 싶었던 모양이다. 자신도 남편처럼 공부하고 싶다고 말하는 사모들이 늘어나기 시작했다. 그 당시에는 2개의 인도목회대학원을 운영하는 것도 힘들었다. 그런 상황에 이런 요구를 받자, 마음에 부담이 되기 시작했다.

이럴 때는 무조건 주님께 여쭤보는 것이 최고였다. 기도하며 사모대학에 대한 하나님의 뜻을 묻기 시작했다. 그때 나는 개인적으로 박사 논문을 마무리하는 시기라 매우 바빴지만, 주님이 응답하실 때까지 계속해서 기도했다.

한 달 정도 지나자 기다리던 응답이 떨어졌다.

"인도 여성을 훈련시켜 영향력 있는 풍성한 삶을 살게 하라!"

"주님...후원은 어떡해요? 전 도저히 자신 없어요."

그러자 주님이 이렇게 말씀하셨다.

"네가 하냐? 내가 하지!"

주님은 간단하게 나를 KO패 시키셨다. 더 물을 것도 없이 인도사모대학 사역을 하는 것이 주님의 분명한 뜻이었다.

제1기 인도사모대학

2007년 여름, 한국에 나가 인도사모대학 사역을 위한 후원자를 모집해 그해 8월 첫 번째 인도사모대학을 설립했다.

여자로 태어나서 무시당하고 자신의 존재가치를 몰랐던 사모들, 공부하고 싶어도 부모들이 여자라고 제대로 교육을 시키지 않아 배울 수 없었던 사모들, 남편이 갑자기 목회자로 헌신하는 바람에 이유도 모르고 사모가 되어 사명감 없는 사모들, 은사가 있어도 주위 눈치 보느라 제대로 은사를 발휘하지 못하고 죽은 듯 지내는 사모들에게 이제 소망의 빛줄기가 비친 것이다.

사모들의 낮은 자존감과 불분명한 사모로서의 소명의식은 인도 지역 교회를 정체시키는 또 다른 숨은 장애물이었다. 누군가 이들을 도와주어야만 했다. 하나님께서 그 안타까운 상황을 아시고, 사모대학 사역에 대한 비전을 주신 것이다.

첫날, 오리엔테이션에서 나는 제1기 인도사모대학 학생들에게 이렇게 말했다.

"여러분, 저희 사모대학에서는 여러분 모두가 여왕입니다. 제가 그렇게 모시겠습니다. 그 동안 가정에서, 사회에서 대접 받지 못한 것 사모대학에서 보상해 드리겠습니다. 여기서는 오로지 공부만 열심히 하세요. 맛있는 커피(인도는 영국의 지배를 오랫동안 받아 차 마시는 문화가 있음)를 드립니다. 치킨비리야니(닭살을 넣어 만든 비빔밥. 인도의 대표적인 음식 중 하나)도 드립니다. 이 학교에서 3년 간 여왕의 삶을 누리세요."

이 말을 듣고 감동해 눈물을 보이는 사모들도 있었다.

21세기를 흔히 '여성의 세기'라고 한다. 혹자는 21세기를 3F 시대라고 일컫는다. 3F는 Feeling(감성), Fiction(허구), Female(여성)을 뜻한다. 이제 인도 여성도 당당하게 일어나야 한다. 음지에서 양지로 나와야 한다. 2011년 현재 4개 지역에서 사모대학 사역이 활발하게 진행되고 있다.

"일어나라 빛을 발하라 이는 네 빛이 이르렀고 여호와의 영광이 네 위에 임하였음이니라" (사 60:1)

인도사모대학에서 행복하게 훈련받고 변화되는 현지 사모들을 볼 때마다 큰 보람을 느낀다. 인도 여성들도 이제 여성으로서 아름다운

이제 인도 여성도 당당하게 일어나 음지에서 양지로 나와야 한다.

존재가치와 존엄성을 찾아 강한 빛을 발하리라 믿는다.

인도사모대학 학생들과 인도에서 새로운 여성시대를 창조할 것이다. 인도 여성의 위대한 저력과 잠재력이 인도사모대학 사역을 통해 인도 전역과 세계 열방으로 나아갈 것이다. 내 눈에는 그것이 보인다. 이 아름다운 사역에 주님이 함께 하실 것을 믿는다. 귀한 사역을 인도에서 감당하게 하시는 하나님께 감사드린다.

chapter 8

아멘의 위대한 힘

인도 여성의 불임

인도사모대학 사역을 하면서 가장 기뻤던 일이 있었다. 불임이었던 사모들이 아기를 낳은 일이었다. 릴리뿌시빰 사모는 30대 젊은 사모다. 하지만 결혼한 지 몇 년이 지나도 아기를 갖지 못해 내게 기도를 부탁했다.

"선교사님, 저를 위해 기도해 주세요. 아기가 없는 것은 저희 부부에게는 그리 큰 문제가 아닙니다.

하지만 이웃에 사는 힌두교를 믿는 사람들이 저를 조롱합니다. 예수님이 기도를 들어주신다며 왜 이제껏 아기가 없냐고 합니다.

그 소리를 들을 때 가장 속상합니다. 주님의 영광을 위해서도 아기가 있었으면 합니다. 제발 기도 부탁드립니다."

인도에서는 여자 아기를 낳은 것보다 더 용서받지 못할 일이 바로 아기를 낳지 못하는 것이다. 이런 문화로 인해 불임은 인도 여성들에게 많은 상처와 고통을 준다. 특히 예수 믿는 여성들이 아기를 낳지 못하면 더 큰 일이다. 믿지 않는 친척들이나 이웃들에게 조롱거리가 되기 때문이다.

다우리(dowry)

인도는 여전히 남성중심사회라 남아를 선호하는 반면, 여아는 별로 좋아하지 않는다. 그 이유는 인도 여성들이 결혼할 때 가져가야 하는 결혼지참금 다우리(dowry) 때문이다.

인도에서는 결혼할 때, 모든 결혼 비용을 대부분 여자 측에서 부담한다. 또 남자에게 오토바이나 자동차를 선물하는 문화도 있다. 게다가 현찰도 가져가야 시댁에서 좋아한다. 이런 것들이 모두 다우리라는 결혼문화다.

인도에서는 다우리로 인한 각종 사회문제가 끊이지 않고 있다. 신문에 다우리와 관련된 사건이 자주 보도된다. 다우리 사건은 주로 여아와 여아를 낳은 여성 살해 사건이다. 살인을 저지르는 사람들은 대부분 남편이나 시댁 사람들이다. 신성해야 할 결혼이 잘못된 물질관으로 더럽혀지고 상처투성이인 불행한 결혼문화로 전락해 가는 것이

다. 21세기인 지금도 다우리는 여러 형태로 변형되어 엄연히 인도사
회에 존재한다. 그 뿌리가 너무 깊고 질기다.

 # 아멘 열심히 하라고 해라!

간절히 기도 부탁을 하는 릴리뿌시빰 사모를 위해 기도했더니, 주
님의 대답은 의외였다.
"아멘 열심히 하라고 해라."
"예? 그게 다예요?"
의외로 간단한 응답이었지만 순종하기로 했다.
즉시 릴리뿌시빰 사모에게 그대로 전했다.
"반드시 하나님께서 졸업하기 전에 자녀를 주실 겁니다. 그러니
빠지지 말고 학교에 나오고, 또한 수업시간에 말씀을 들을 때마다 아
멘을 크게 하세요."
아기를 간절히 원했던 릴리뿌시빰 사모는, 그 다음 수업시간부터
'아멘'을 크게 하기 시작했다. 그녀의 믿음이 쑥쑥 자라는 것이 보였
다. 그렇게 일 년이 지나자, 기쁜 소식이 들렸다. 릴리뿌시빰 사모가
드디어 임신한 것이다. 사모대학 모든 학생들이 자기 일처럼 기뻐했
다.
열 달 후, 건강한 여자 아기를 낳아 이름을 사라라고 지었다. 사라
도 엄마와 함께 매주 사모대학에 온다. 사라를 볼 때마다 전능하시고
살아계신 주님을 느낀다.

하늘의 언어

아멘과 할렐루야는 하나님이 기뻐하시는 하늘의 언어라는 사실을 인도에서 확실히 깨달았다. 언젠가, 강준민 목사 설교 CD에서 '아멘'과 관련된 재미난 이야기를 들었다.

어느 손이 귀한 집으로 시집온 며느리가 시어머니를 따라 교회에 다니기 시작했는데 몇 년 동안 아기 소식이 없었다. 그래서 시어머니는 매주 이 며느리를 담임목사에게 데리고 가서 안수를 받게 했다. 목사는 간절히 아기를 갖게 해달라고 기도했고, 기도할 때마다 시어머니는 계속 '아멘' '아멘'을 연발했다. 초신자였던 며느리는 부끄러워 가만히 있었다. 그런데 놀랍게도 일 년 후, 며느리가 아니라 시어머니가 임신을 하게 됐다.

인도에서 이 '아멘 이야기'가 정말 잘 통한다. 이 이야기를 인도교회 부흥집회 때마다 자주 하는데, 인도 성도들이 박장대소를 하며 좋아한다. 여자가 시집와서 아기 낳는 것이 얼마나 중요한 일인지 아는 까닭이다. '아멘'의 위력을 이것처럼 정확하고 재치 있게 표현한 이야기가 또 있을까!

아멘의 은혜

데보라 사모도 둘째 아기를 갖기 위해 기도해 달라고 했다. 첫째 딸을 낳은 후 7년 동안 둘째 소식이 없었기 때문이다. 특별히 둘째는

저자의 기도로 9년 만에 득남한 데보라 사모 아들을 안고 있는 저자

아들을 낳고 싶어 했다.

입학하는 첫날, 인터뷰할 때 그 기도제목을 내놓았다. 시간이 날 때마다 배에다 손을 얹고 기도해 주면 힘차게 '아멘'을 외쳤다. 그러자 졸업하기 일 년 전에 아기가 생겼고, 기도한 대로 아들을 낳아 지금은 천하를 얻은 듯 기뻐하고 있다.

인도 교회에서 집회를 하다보면, 보통 한 교회에 두세 명 정도의 불임여성이 있다. 집회가 끝나면 강사에게 와서 안수기도 받기를 원하기 때문에 그럴 때마다 간절히 기도해 준다. 그러면 그들은 큰 소리로 '아멘' 한다. 그렇게 해서 몇 분의 불임 성도들이 기도 받고 아기를 낳았다.

또한 오른쪽 손목에 뼈가 자라던 에스더(Esther) 사모가 기도를 받고 치료되었다. 타라마니 사모대학의 디빠(Deepa) 사모가 가슴에 종양이 발견되었으나 기도를 받고 깨끗하게 치료되었다.

이런 사모대학의 모든 역사들이 다 '아멘'의 위력이다. 강의 중에 학생들에게 '아멘'을 일부러 시킨다. '아멘'으로 받은 은혜가 너무 크기 때문이다.

막힌 것을 뚫는 방법 중의 하나가 바로 '아멘'으로 자신의 믿음을 선포하는 것이다. 막힌 문제가 있다면, 지금 당장 그분께 맡겨라. 그리고 말씀에 '아멘'으로 화답해 보라. 입술에 '아멘'을 회복하여 축복의 지경을 넓혀보라. '아멘' 할 때 놀라운 기적과 역사가 이루어지는 것을 체험해 보라.

"하나님은 우리의 피난처시요 힘이시니 환난 중에 만날 큰 도움이시라" (시 46:1)

chapter 9

말의 위력

'인도'의 이름으로 찬양하다

인도에 오자마자 큰 고난과 역경을 만난 우리 세 식구는 가정예배를 자주 드렸다. 가정예배가 문제를 없애는 힘인 것을 어렸을 때부터 체험했기 때문에 오로지 예배에 집중했다.

어느 날, 하나님께서 한 가지 지혜를 주셨다. 찬양할 때마다 찬양에 나오는 모든 지역이름에 '인도'를 넣어서 부르라는 것이었다.

'오소서 진리의 성령님 이 땅 흔들며 임하소서'라는 가사에, '이 땅' 대신 '인도'를 넣어 불렀다. '이 땅의 황무함을 보소서'라는 곡에는 '인도의 황무함을 보소서'라고 불렀다. '이 산지를 내게 주소서'라는 곡에는 '산지' 대신 '인도'를 넣어 힘차게 찬양했다.

주님이 주신 _인도_로 한 걸음씩 나아갈 때에
수많은 적들과 견고한 성이 나를 두렵게 하지만
주님을 신뢰함으로
주님을 의지함으로
주님이 주시는 담대함으로 큰 소리 외치며 나아가네
이 _인도_를 내게 주소서
그날에 주께서 말씀하신
이제 내가 주님의 이름으로 _인도_를 취하리니

그렇게 찬양을 하자, 인도가 더욱 가까이 느껴졌다. 우리가 마지막으로 섬겨야 할 귀한 사역지로 가슴에 와 닿았다. 또한 인도 영혼이 더 친밀하게 느껴졌고, 더 사랑하고 품어야 할 대상임이 날마다 느껴졌다. 입술의 고백이 얼마나 힘이 있는지 그때 알았다. 이렇게 '인도'를 넣어 찬양함으로 우리 가족은 인도 선교사로서의 확실한 정체성을 확립해 나갔다.

가정예배 드릴 때마다 찬양 10곡을 하나님께 올려 드렸다. 매일 찬양 10곡을 부른 다음에 말씀을 묵상했고 기도에 들어갔다.

에너지를 주는 찬양

인도에 와서 나는 찬양과 떨어져 생활한 적이 거의 없다. 매일 아침 기도가 끝나면 찬양을 틀어놓았다. 스콧 브래너(Scott Brenner)의 찬양 CD를 인도에서 6년 간 들었다.

아침에 그 찬양을 들으면 힘이 나고 삶의 활기가 느껴진다. 그렇게 찬양을 오래 듣다 보니, 언젠가 나도 스콧 브래너와 같은 찬양 리더가 되게 해 달라는 기도가 나오기 시작했다(그 마음의 소원은 2011년 3월부터 본격적인 윤곽을 드러내기 시작했다. '타밀어 찬양'을 배워 인도에서 찬양 리더로 준비되는 사역까지 나아가게 했다).

영감 있는 찬양에는 하나님의 임재하심이 생생히 느껴진다. 찬양은 테크닉으로 하지 않아야 한다. 주님을 뜨겁게 갈망하는 영으로 찬양해야 한다. 그런 찬양 사역자의 목소리에는 하나님의 영이 거하는 것이 느껴진다.

찬양할 때 찬양을 부르는 자는 모든 찬양이 자신의 신앙고백이며 믿음의 선포라는 강한 확신을 갖고 찬양해야 한다. 그러면 어둠의 영이 물러가고 강한 기름 부으심이 임한다.

문제를 해결하고 막힌 것을 뚫는 좋은 방법 중의 하나가 바로 찬양하는 것이다. 선교지에서 찬양은 선교사의 삶에 큰 영적 활력을 주는 에너지임이 분명하다.

"호흡이 있는 자마다 여호와를 찬양할지어다 할렐루야"(시 150:6)

chapter 10

전문 통역사로 우뚝 선 훌다 사모

여성에게 기회를

우리 부부는 영어로 강의하기 때문에 매 수업마다 현지어 통역이 필요했다. 처음엔 첼라도라이 목사가 우리 강의를 통역했다. 그런데 시간이 갈수록 첼라도라이 목사의 통역이 다소 불편해지기 시작했다. 통역을 못 하는 것은 아니었지만 자꾸 신경이 쓰이고 내 마음이 편치 않았다.

어떻게 하는 것이 좋은지 지혜를 구하는 기도를 했다. 어느 날 좋은 생각이 떠올랐다. 내가 인도사모대학을 시작한 목적 중의 하나는 인도 여성 지도자들을 훈련하기 위함이었다. 또한 그들의 은사를 개발시켜 하나님의 영광을 위해 쓰임 받도록 돕기 위해서였다.

그렇다면 은사가 있는 여성에게 기회를 주어야 한다는 생각이 들었다. 인도 사모대학 학생 중 영어를 잘 하는 사람을 찾아보니, 두 사람이 있었다. 데보라(Deborah) 사모와 훌다(Hulda) 사모였다. 이들에게 교대로 내 강의 통역을 맡겨 보기로 했다. 둘 다 아마추어 수준이어서 처음엔 강의하기가 좀 힘들었다. 그러나 인내하며 기다려 주기로 하고 편안한 마음으로 강의에 집중했다. 시간이 갈수록 둘의 통역이 점점 나아지기 시작했다.

한 달쯤 지나자, 이제 두 명 중 한 명을 내 강의 고정 통역사로 정해야만 했다. 데보라 사모는 훌다 사모보다 어리고 경험이 부족해 그녀가 통역할 때는 내 영이 편치 않았다. 반면 훌다 사모가 통역할 때는 내 마음이 평안했고 강의도 잘 되는 것을 느꼈다. 그 다음부터 훌다 사모가 본격적으로 내 강의 전문 통역사가 되었다.

되찾은 훌다 사모

한 학기를 마치고 여름방학 후 2학기가 시작되었다. 그런데 훌다 사모가 학교에 나오지 않았다. 무슨 일인지 궁금해 전화를 해서 만나자고 했다. 오랜만에 만난 훌다 사모는 얼굴이 많이 상해 있었고 불만이 있어 보였다.

1시간 넘게 이야기를 나누었다. 훌다 사모는 솔직히 통역봉사를 하니 우리가 물질적인 부분을 도와주리라 기대하고 있었다고 했다.

저자의 전문 통역사로 활동하는 훌다 사모

그런데 아무런 도움을 받지 못하자, 자신도 모르게 마음에 불만이 생겨 학교에 나오기가 싫어졌다고 했다. 사탄이 그녀의 마음에 역사하고 있음이 느껴졌다. 이상하게 변한 그녀의 눈빛이 그렇게 말하고 있었다.

대화를 마치며 내가 말했다.

"훌다 사모님! 지금 당신 눈빛에 원망과 불만이 가득합니다. 그것은 주님으로부터 오는 것이 아닙니다. 당신은 지금 사탄에게 속고 있습니다. 당신이 쓰임 받는 것을 싫어하는 사탄이 당신한테 넣어 준 생각입니다. 빨리 회개하세요.

그리고 본래의 신앙을 되찾아야 합니다. 당신이 지금 통역하는 사역은 보통 큰 사역이 아닙니다. 나도 당신에게 힘들게 준 기회입니다. 첼라도라이 목사님은 지금도 자신이 내 강의를 통역하고 싶어 합니다. 그런데도 나는 그 부분에 대해서 하나님께 기도했습니다. 그리고 확실한 응답을 받아 당신을 사용하고 있는 것입니다. 앞으로 상상할 수 없는 축복이 당신에게 쏟아질 겁니다. 이 상황을 믿음으로 꼭 이겨야 합니다."

성령이 내 입술에 할 말을 넣어 주셨다. 신앙적인 배경에서 자란 훌다 사모는 내 말을 즉시 알아들었다. 나는 훌다 사모의 잠재력을 알고 있었고, 그녀가 하나님께 쓰임 받는 풍성한 삶의 주인공이 되도록 돕고 싶었다. 간절한 마음으로 훌다 사모의 손을 꼭 잡고 기도해 주었다. 기도가 끝나자, 훌다 사모는 눈물을 흘리며 말했다.

"죄송합니다. 회개하겠습니다."

훌다 사모는 그 다음 주부터 다시 학교에 나왔다. 그녀의 얼굴은 해처럼 빛나고 있었다. 눈빛도 그 전보다 평화스러웠고 깨끗해 보였다. 그 다음부터 훌다 사모는 다시는 힘든 모습을 보이지 않았다. 통역도 잘 했고 내 말이라면 무엇이든 순종했다.

제대로 쓰임받는 삶으로

훌다 사모의 통역 은사는 이제 소문났다. 다른 집회에서도 통역이 필요할 때마다 종종 초청을 받는다. 또한 2011년 1월 개원한 민트 인도목회대학원 전문 통역사로 활동하고 있다.

훌다 사모는 내가 말한 대로 자신의 사역 반경이 통역사역으로 인해 놀랍게 넓어지는 것을 체험하며 너무나 행복해 하고 있다. 집회에서 통역이 끝나면 많은 사람들이 훌다 사모를 칭찬한다.

그녀는 요즘 자주 말한다.

"당신 덕분에 저는 완전히 다른 삶을 살고 있습니다. 정말 뭐라고 감사의 말을 해야 할지 모르겠습니다."

다 주님이 하신 일이다.

앞으로 하나님께서 훌다 사모를 더욱 높이 들어 사용하실 줄로 믿는다. 리더는 타인의 은사를 볼 줄 알아야 하고, 또한 그 은사를 개발하도록 돕는 자다. 어떤 어려운 환경에서도 끝까지 그 은사를 사용할 수 있도록 책임감을 가지고 도와주는 자다.

귀한 통역의 은사가 있는 훌다 사모를 잃을 뻔했지만, 주님은 내 마음에 진정한 영혼사랑을 넣어 주셔서 이 일을 이루게 하셨다. 진정한 리더는 또 다른 리더를 낳는 자다.

"마음이 약한 자들을 격려하고 힘이 없는 자들을 붙들어 주며 모든 사람에게 오래 참으라" (살전 5:14하)

chapter 11

고난을 주신 뜻

아토릭샤 운전사

인도 정착기 때 일어난 일이다. 한 번은 알고 지내는 젊은 한국 선교사가 딸 돌잔치 설교를 해 달라고 남편에게 부탁했다. 남편은 기쁜 마음으로 수락했다. 그때는 첸나이 지리도 잘 모르고 차도 없어 힘든 시절이었다. 돌잔치 하는 날, 마침 시장에 볼 일이 있어서 미리 나가서 시장을 보고 돌잔치 장소로 가기로 했다.

장을 봐서 손에 잔뜩 물건을 든 우리 세 식구는 너무 힘들어 아토릭샤를 탔다. 주소를 대며 그곳에 가자고 했더니, 운전사는 '알았다'고 했다. 하지만 한참을 지나도 운전사가 같은 곳을 빙빙 도는 느낌이 들었다. 도착해도 벌써 도착했어야 할 시간인데, 운전사가 계속 헤매고 있는 느낌이었다.

아니나 다를까 운전사는 곧 아토릭샤를 멈추더니 다른 사람에게 주소를 물어보았다. 가만히 보니 그 장소를 모르는 것 같았다. 그런데도 아는 것처럼 계속 달린 것이었다.

상황을 눈치챈 남편은 당장 내려달라고 했다. 얼마냐고 했더니 평소가격보다 몇 배를 더 불렀다. 외국인을 이용해 폭리를 취하려는 그 운전사를 보니 화가 났다. 남편은 두 배 정도의 돈을 주고 가라고 했다. 그는 기분 좋은 듯 금방 어둠속으로 사라졌다.

'이런 곳이 바로 인도라는 나라구나.' 마음에 실망이 가득했다. 그나저나 걱정이었다. 약속시간은 다가오고 아토릭샤 운전사는 길을 모르니 난감했다. 초조한 마음으로 다른 아토릭샤를 불러 주소를 주고는 아느냐고 했더니, 역시나 안다고 했다. 도대체 진짜 알고 그러는 것인지, 모르는데도 안다고 하는 것인지 도무지 알 수가 없었다. 우리는 또 믿는 수밖에 없었다.

그런데 조금 가다 보니, 이 아토릭샤 운전사도 헤매는 느낌이었다. 초조해진 남편은 운전사에게 다시 주소를 말하며 그 장소를 아느냐고 했더니, '안다'는 말만 계속했다. 하지만 아무리 봐도 이 운전사 역시 그 장소를 정확히 모르는 게 확실했다. 남편은 다시 아토릭샤를 세웠다. 이번엔 남편이 가격을 묻지 않고 알아서 두 배 정도의 돈을 더 주었다. 그랬더니 이 운전사도 기분 좋게 어둠속으로 재빠르게 사라졌다.

고난을 주신 뜻

우리 세 식구는 어딘지도 모르는 곳에 있었다. 사방이 온통 캄캄했다. 도대체 어떻게 해야 할지 몰라, 더러운 길바닥에 털썩 주저앉았다. 울고 싶었다. 너무 속상해서 내일이라도 당장 한국으로 돌아가고 싶은 마음뿐이었다. 나도 모르게 옆에 있는 딸에게 푸념을 늘어놓기 시작했다.

"예원아, 엄마는 도저히 인도에서 못 살겠다. 차도 없이 매일 인도에서 이러고 살아야 하냐? 가는 곳마다 속여 대는 인도 사람들 때문에 도저히 못 살겠어."

아무것도 모르는 철부지 딸에게 나도 모르게 하소연을 하고 있었다.

평소에 화를 잘 안 내는 남편도 그날은 무척 화가 난 모양이었다. 아무 말도 않고 고개만 푹 숙이고 있다가 남편도 한 마디 했다.

"정말 해도 해도 너무하네."

그때 우리보다 더 불평할 줄 알았던 딸이 갑자기 이렇게 말했다.

"엄마, 아빠! 전 별로 화 안 나요. 이런 일이 생기는 것은 하나님께서 우리에게 간증을 주시려고 그러는 것 같아요. 분명히 나중에 자동차도 주시고 모든 것이 괜찮아질 거예요."

우리와 같이 인도 사람을 욕할 줄 알았던 딸아이가 이렇게 말하자, 갑자기 부끄러워졌다. 가만히 생각해 보니 딸 말이 맞는 것 같았다. 선교지에 오자마자 좋은 일만 일어난다면, 나중에 간증할 것도 없을 테니 말이다. 생각지도 않게 딸한테 한 방 맞은 나는, 얼른 남편에게 말했다.

"여보! 우리를 초청한 선교사에게 전화해서 우리가 있는 장소를 대충이라도 알려주고 가는 길에 우리를 데려가라고 하세요."

남편은 즉시 전화했고, 곧 그 선교사가 와서 우리를 데려갔다.

그리고 몇 년이 지났다. 딸아이 말대로 우리는 자동차도 생겼고 사역도 멋지게 열려져 파워풀한 삶을 살게 되었다. 한참 후에 그때 그 사건을 딸에게 이야기 했더니, 생각이 잘 나지 않는다고 했다. 나는 딸아이의 기억을 도와주려고 더 힘주어 말했다.

"그때 니가 그랬잖아. 이렇게 힘든 것은 나중에 간증하라는 주님의 뜻이라고."

"내가 그랬어요 엄마? 아마 그때 내가 잠시 천사가 된 모양이지요. 그렇게라도 하나님이 엄마 아빠를 위로하시려고 그런 거 아닐까요? 호호호."

나의 사랑스런 위로자

우리 딸은 내가 한국에 나가 여러 교회에서 선교보고와 간증을 할 때 기회가 되면 같이 가곤 한다. 그런데 가장 은혜를 많이 받는 사람이 우리 딸이다.

선교보고가 끝나면 딸아이는 나에게 쪽지를 건네주곤 한다. 그 쪽지에는, "엄마, 너무 너무 은혜 받았어요. 정말 잘 하셨어요."라는 글

저자의 가족사진

이 써져 있다.

간증하는 교회는 다르지만 거의 같은 내용의 간증을 하는데도 우리 딸은 맨 앞자리에 앉아 매번 눈물을 흘린다. 한 번은 내가 딸에게 물어보았다. "너는 같은 내용의 간증을 듣는데도 그렇게 눈물이 매번 나와?"

그러자 우리 딸이 이렇게 대답했다.

"엄마! 내가 선교현장에서 가장 가까이, 가장 오래 엄마를 지켜봤잖아요. 엄마가 얼마나 고생했는지 얼마나 울었는지 얼마나 아팠는지 내가 제일 잘 알잖아요. 그래서 엄마 간증을 들을 때마다 안 울려고 해도 나도 모르게 자꾸 눈물이 나요."

이런 말을 들을 때마다 난 너무 행복하다. 가장 나를 잘 아는 딸이 나를 인정해 주고 격려해주니 이보다 더 큰 위로가 어디 있겠는가! 우리 딸은 나의 가장 사랑스런 위로자다.

chapter 12

아름다운 헌당식

위로도 사역이다

H 자매는 내가 성결대학교에서 강의할 때 만난 제자다.

어느 해, 신학교 4학년 학생들 대상으로 영성과목 강의를 하게 되었다. 첫날, 수업에 H 자매가 왔다. 그런데 그 다음 수업부터 이 자매가 보이지 않았다. 유난히 하얀 얼굴에 전형적인 한국 여인상을 가진 H 자매의 안부가 궁금했다. 과대표에게 무슨 일인지 알아보게 했다.

알아 본 결과, H 자매 아버지가 갑자기 뇌출혈로 쓰러져 식물인간이 되었다고 했다. 쓰러진 아버지를 간호하느라 학교에 못 나온 것이었다. 너무 마음 아픈 소식이었다.

'내가 어떻게 해야 하나?' 고민하며, 주님의 도우심을 구했다. 아무래도 H 자매를 위로하는 것이 내 사역인 것 같았다. 한 번이라도 내 수업에 온 제자들은 내가 돌봐야 한다는 생각이 강하게 들었다. H 자매처럼 힘든 일을 당한 제자들은 더 큰 관심과 사랑으로 돌보는 것이 내 사역이라고 생각했다.

그 다음 주에 강의를 마치고 과대표와 함께 병원을 찾아갔다. 나를 본 H 자매는 좀 놀라는 표정이었다. 들은 대로 H 자매 아버지는 병원 침대에 산소 호흡기를 끼고 누워 있었다. 그 모습을 보니 그 자매가 당한 현실이 얼마나 큰 것인지 피부에 와 닿아 더 마음이 아팠다. H 자매 아버지의 빠른 쾌유를 위해 간절히 기도했다.

병원 문을 나서는 나를 보고, H 자매가 말했다.

"교수님! 너무 고맙습니다. 솔직히 전혀 기대하지 않았어요. 아버지 소식 듣고 오신 교수님은 아직까지 없어요. 교수님이 처음이세요. 이런 사랑 베풀어주셔서 정말 고맙습니다."

"무슨 소리야? 당연히 와야지. 나 시간 많아. 그러니까 시간강사지. 아버지가 곧 의식을 회복하셨으면 좋겠다. 너무 염려 마. 계속 기도할게."

이렇게 말하는 나에게 H 자매는 여러 번 고맙다는 인사를 했다. 그 후로도 몇 번 더 병원을 찾아갔다. 하지만 그녀의 아버지는 회복의 기미가 전혀 보이지 않았다. 그런 와중에 그녀에게 더 불행한 일이 닥쳤다. 생각지도 않게 그녀의 어머니가 갑자기 돌아가신 것이다.

남편 일로 큰 충격을 받은 것이 사망원인이었다. 돌아가신 H 자매의 어머니 장례식에 조문을 갔다. 상복을 입은 그 자매를 보니, 뭐라고 위로할 말이 없었다.

몇 년 후, 나는 인도 선교사로 가게 되었다. 그때까지도 H 자매의 아버지는 의식을 회복하지 못하고 있었다. 한국에 나올 때마다 H 자매를 한 번씩 만났다. 내가 해줄 수 있는 일이 별로 없는 게 안타까울 뿐이었다. 고작 점심을 사 주거나 읽으면 힘이 될 만한 책을 선물해 주는 정도밖에 할 게 없었다.

그 자매는 아버지의 병이 전혀 차도가 없자 더 힘들어했다. 그런데도 아버지 간호에 최선을 다하는 그녀가 안쓰러웠다. 하늘도 감동할 만큼 지극정성으로 간호를 했지만, 아버지 병세가 호전되지 않으니 너무 딱하고 마음이 아팠다.

보다 못한 내가 하루는 이렇게 말했다.

"이젠 그만 아버지를 내려놔라. 네가 그렇게 붙들고 있으면 둘 다 더 힘들어. 기관에 맡기고 너는 네가 하고 싶은 일이 있으면 하는 게 어떨까? 벌써 몇 년째니? 네 아버지가 어디에 계시든 주님이 돌봐 주실 거야."

"교수님! 그래도 괜찮을까요? 저는 아버지가 돌아가시면 더 못해드린 게 한이 될 것 같아, 제가 직접 간호하는 건데 솔직히 힘들 때가 많아요."

참 효성이 지극한 자매였다. 그 자매는 몇 년이 지나도 아버지가 의식을 회복하지 못하자, 결국 기관에 맡기고 대학원에 진학해 상담학 공부를 했다. 그래도 자신이 끝까지 아버지를 간호해야 하는데, 기관에 맡긴 것에 죄책감을 느낀다고 말하곤 했다.

아름다운 헌당식

세월은 흘러 그녀도 결혼을 하고 예쁜 아기도 낳았다. 그 자매가 행복하기만을 매일 기도했다. 그러던 어느 해, H 자매가 문득 내게 이런 질문을 했다.

"교수님! 인도에 교회 하나를 건축하려면 얼마나 들어요?"

"왜?"

"그냥요.. 사실 저희 아버지 얼마 못 사실 것 같아요. 아버지 돌아가시면 아버지 이름으로 인도에 교회를 건축하고 싶어요."

얼마 후, 그 자매 아버지가 돌아가셨다. 뇌출혈로 쓰러진 지 7년만이었다. 다행히 내가 한국에 잠시 체류중이어서 장례식에 가서 위로해 주고 왔다. 그 후, 그 자매로부터 한 통의 메일이 왔다.

"교수님! 오늘 입금했습니다. 너무 기뻐요. 인도에 교회를 지어주세요."

H 자매는 아버지가 들어 둔 사망보험금을 탄 모양이었다. 그 귀한 물질을 약속한 대로 인도 사역을 위해 드렸다. 참 멋진 제자, H 자매가 헌금한 물질로 제임스 목사의 교회를 건축했다.

2011년 2월, 그 교회가 완공되어 아름다운 헌당식을 했다. 헌당식 설교 때 모든 교인들 앞에서 H 자매 이야기를 했다. 많은 사람들이

눈물을 흘렸다. 가장 큰 슬픔이 가장 큰 영광으로 승화된 너무 아름
다운 사건이었다.

chapter 13

만날 사람은 만난다

어린이 개발사역

사람의 인연이란 참 묘한 것이다.

인도 선교 초창기에 타라마니 지역을 간 적이 있었다. 도시 빈민층이 사는 그 동네에서 날라담비 목사를 만났다. 어린이 개발사역을 협력할 현지 교회를 찾다가 만난 것이다.

그 교회와의 인연으로 주일 예배와 교회 행사에 몇 번 참석하게 되었다. 그러다가 이 교회 청년부들을 대상으로 성경퀴즈를 하게 되었다. 그 대회에서 유난히 눈이 빛나는 제슬리 자매가 1등을 했다. 그 후로 제슬리 자매에 대한 기억이 또렷이 남아 있었다.

몇 개월 후, 드디어 타라마니 지역에 어린이 개발 사역이 시작되어 일할 스텝이 필요하게 되었다. 곧 제슬리 자매를 떠올렸고 대학 졸업 후 직업을 찾던 제슬리 자매도 흔쾌히 허락하였다.

제슬리 자매는 한국 기아대책에서 훈련하는 기아봉사단 훈련을 7주간 받고, 본격적으로 타라마니 어린이 개발 사역의 스텝으로 일하게 되었다. 그 후 제슬리 자매는 특유의 겸손하고 성실한 자세로 열심히 일해 나의 오른팔 역할을 톡톡히 했다.

제바꾸말 목사

제바꾸말 목사는 두 번째로 연 타라마니 목회대학원에 공부하러 온 목사였다. 3년 간 꾸준히 훈련을 받아 졸업한 목사다. 제바꾸말 목사는 볼수록 성실했고 정말 겸손하고 좋은 성품을 갖고 있었다. 민트 지역에서 아주 열심히 목회를 하고 있었다.

20대 후반의 싱글 목사였으므로 가끔 결혼에 대해서 물어보았다. 그럴 때마다 자신은 독신의 은사를 받아 결혼할 생각이 없다고 했다. 그런데 내가 보니 결혼을 꼭 해야 할 것 같았다.

농담으로 그러지 말고 제슬리 자매와 결혼하는 것이 어떻겠느냐고 종종 말했다. 그럴 때마다 고개를 저으며 아니라고만 했다. 내가 보기에는 둘이 결혼하면 정말 잘 살 것 같아 기도에 들어갔다. 그러나 그들이 결혼할 확률은 거의 없었다.

그런 와중에 제슬리 자매가 혼기가 꽉 차 선이 들어왔고 일이 빠르게 진행되어 약혼까지 하게 되었다. 상대 남자는 예수는 믿었지만 평범한 남자였다. 제슬리 자매의 결혼 소식을 들었을 때, 왠지 마음이 편치 않았다. 제슬리 자매를 위해 기도할 때마다 사모가 되어야 한다는 마음이 강하게 들곤 했기 때문이다.

제슬리 자매도 사모가 되고 싶다고 했지만 좋은 목사로부터 선이 들어오지 않았다. 인도는 대부분 중매결혼을 한다. 결혼할 때 항상 매파가 중간에서 두 집안을 왕래하며 중매를 한다.

제슬리 자매는 자꾸 나이는 들고 선 자리는 안 들어오고 하니, 그냥 그 남자와 결혼할 모양이었다. 그녀의 부모가 혼기를 놓친 제슬리 자매의 결혼을 서두르기 때문이었다.

인도에서 부모는 자녀 결혼 시 절대적인 권위를 갖고 있다. 어쩔 수 없는 상황에 안타까운 마음을 금할 길이 없었다.

깨어진 혼담

그런데 어느 날 제슬리 자매의 얼굴이 무척 좋지 않았다. 어디 아프냐고 했더니 고개를 흔들며 약혼이 깨어졌다고 했다. 문제의 그 다우리(dowry) 때문이었다. 여자가 시집갈 때 결혼지참금을 현찰로 가져가야 하는 다우리를, 약혼이 끝난 후에 시아버지 될 사람이 전화해서 천만 원을 가져오라고 했다는 것이다. 한 달에 여섯 식구가 20만 원 정도로 살아야 하는 가난한 살림에 천만 원이 어디 있겠는가! 그런 돈이 없다고 했더니 며칠 후 파혼을 통보한 모양이었다.

그 일이 있은 후, 제슬리 자매는 우울증에 걸렸다. 며칠을 아파 사무실에 나오지 못했다. 보다 못한 내가 만나서 상담을 해 주고 맛있는 음식을 사주며 용기를 주었다. 반드시 하나님께서 좋은 목사 남편을 만나게 해 주실 것이니 믿음을 갖고 기다리라고 했다. 사모의 사명이 있는데 상대방이 목사가 아니니 파혼을 당하게 하신 것이니 더 기도하라고 했다. 그리고 오히려 파혼 당한 것을 감사하게 여기는 믿음으로까지 나아갈 때, 주님이 역사하실 거라고 조언해 주며 강한 축복 기도를 해 주었다.

감사하게도 제슬리 자매는 힘을 내었고 다시 열심히 일했다. 몇 년간 제슬리 자매에게는 선이 들어오지 않았다. 선이 들어왔다가도 파혼당한 사실을 알면 즉시 취소되곤 했다. 파혼당한 일은 제슬리 자매의 결혼에 큰 장애가 되었다. 제슬리 자매 부모는 제슬리 자매 결혼 걱정으로 매일 눈물바람이었다. 과년한 딸이 시집을 못 가는 것은 집안의 수치였기 때문이었다. 그러나 제슬리 자매는 더욱 강한 믿음으로 나아갔고 주어진 일에 최선을 다했다.

결혼해도 될까요?

2011년 1월부터 제바꾸말 목사 교회에서 4번째 인도목회대학원을 열었다. 일주일에 한 번씩 민트 지역을 가게 되었다. 민트 지역에 가다보니, 주민들의 극빈한 삶이 눈에 들어왔다. 그 지역은 불가촉천민들이 사는 아주 가난한 지역이어서 어린이 개발 사역이 절실히 필요한 지역이었다.

한국 기아대책에 보고하니, 이미 우리는 두 곳에서 어린이 사역을 하고 있어서 민트 지역에 또 다른 어린이 사역을 열기가 좀 곤란하다고 했다. 그래도 포기하지 않고 기도했다.

그러자 이 사역이 열릴 줄로 믿고 준비작업을 하라는 성령의 지시가 왔다. 제슬리 자매에게 제바꾸말 목사와 함께 민트 지역에 대한 정확한 조사와 아동에 대한 조사를 하라고 했다.

그리고 우리는 한국에 먼저 들어갔고, 제바꾸말 목사가 한국에 초청되어 오게 되었다. 그때 민트 지역 조사한 자료를 갖고 오라고 했다. 한국에 온 제바꾸말 목사는 나를 보기만 하면 자꾸 웃기만 하고 뭔가 할 말이 있는 듯 했다.

며칠이 지난 후 그가 이렇게 말했다.

"선교사님! 드릴 말씀이 있습니다. 사실은 저와 제슬리 자매가 사랑하게 되었습니다. 결혼해도 될까요?"

난 웃음밖에 나오지 않았다. 이 두 사람이 결혼하도록 기도를 시작한 지 3년째였다. 정색을 하고 제바꾸말 목사에게 물었다.

"독신의 은사를 받았다면서요?"

그러자 그가 부끄러운 듯 겸연쩍게 웃으며, "그래서 결혼하면 안 되나요?" 하고 물었다.

"안 되기는 왜 안 돼요? 진심으로 축하합니다."

이렇게 해서 다우리로 한 번 파혼당한 제슬리 자매와 독신주의자라던 제바꾸말 목사가 결혼하게 되었다. 두 사람의 카스트(cast: 인도는 결혼할 때 같은 카스트 사람하고 하는 경향이 있음)가 달랐지만, 믿음으로 극복하고 아름답게 결혼에 골인했다.

알고 보니 민트 지역 어린이 개발 사역을 함께 준비하다가 눈이 맞았던 것이다. 왜 하나님이 나에게 급하게 그 지역 조사를 하게 하셨는지 알 것 같았다.

제바꾸말 목사와 제슬리 자매는 2011년 8월 2일 결혼식을 올렸다. 인도에서 보기 드문 연애결혼을 했다. 너무 행복해 하는 두 사람을 보니 나도 기분이 좋았다.

그 후 얼마 되지 않아, 민트 지역에 어린이 개발 사역을 해도 좋다는 승낙이 기아대책에서 떨어졌다. 두 마리 토끼를 다 잡았다. 불가능을 가능케 하는 끈기 있는 기도와 강한 믿음으로.

너도 할 수 있다!

새로운 찬양에 도전하다

2011년 3월 둘째 주일이었다. 부흥집회를 마치고 제바꾸말 목사와 같이 차를 타고 가는 길이었다. 그날도 집회에서 일어난 뜨거운 성령의 역사를 나누던 중, 그가 이런 말을 했다.

"선교사님! 드릴 말씀이 있습니다. 코임바토르 지역에서 사역하는 어떤 미국 선교사님이 있는데요. 이분은 설교는 영어로 하고 집회 끝에는 타밀어 찬양을 해서 더 많은 은혜를 나눕니다."

그러면서 이 말을 덧붙였다.

"선교사님도 말씀은 좋은데 타밀어 찬양을 배워서 집회 하시면 더 큰 역사가 일어날 겁니다. 인도 사람들은 특별히 찬양을 좋아하거든요."

내가 대답했다.

"지금 하는 영어 설교도 너무 힘들어요. 이제 나보고 타밀어 찬양까지 하라고 하면 큰 부담을 주는 거예요."

그 순간, 친밀하신 성령의 음성이 내 귀에 들렸다.

"그 미국 선교사가 할 수 있으면 너도 할 수 있다!"

"예?"

사실 인도에서 7년 동안 살면서 타밀어 찬양을 배워 볼까 하는 생각을 하지 않은 건 아니다. 하지만 이내 포기하고 말았다. 이유는 타밀어 찬양은 가사가 대체적으로 너무 길었다. 집회에 갈 때마다 타밀어 찬양을 많이 듣는데 한 곡이 보통 5절 이상이었다.

'나이가 들어 암기력은 자꾸 떨어지는데 저렇게 긴 곡을 어떻게 외운단 말인가.' 이런 생각을 하며 아예 배울 엄두를 내지 않았다. 그런데 그날 타밀어 찬양을 배우라는 성령의 지시가 떨어진 것이다.

다음날 기독교 서점에 갔다. 그 동안 귀에 익은 타밀어 찬양 제목을 말하고 CD 두 개를 샀다. 그리고 제슬리 자매(CDP 스텝)에게 발음해 보라고 해 그 타밀어 발음을 한국말로 적어 연습하기 시작했다. 집에서 CD를 틀어놓고 연습에 들어가자, 놀라운 일이 일어났다. 타밀어 찬양이 외워지기 시작했다. 어렵게만 생각되었던 타밀어 찬양을 두 시간 만에 익힐 수 있었다.

처음 배운 타밀어 찬양은 '안부꾸르벤(주님을 예배합니다)' 이라는 곡이다. 이 곡을 집에서 혼자 연습하는데 눈물이 많이 났다. 성령이 내 마음을 강하게 터치하시는 것이 느껴졌다. 곡 전체에 하나님의 뜨거운 사랑이 배어져 있었다. 눈물을 줄줄 흘리며 첫 곡을 계속 연습해 나갔다.

가사도 모두 외우려고 노력했다. 오후 내내 외웠고 잠자리에 들려고 침대에 누워도 그 찬양이 나를 따라온 것 같았다. 내 몸 전체에 그 찬양의 기운이 감싸고 있는 듯한 느낌이 들었다. 뭐라고 말할 수 없는 특별한 은혜가 내 안에 머물고 있음이 분명했다. 침대에 누워 오후 내내 외운 '안부꾸르벤' 찬양을 계속 불렀다. 그렇게 찬양을 하다가 잠이 들었다.

"성도들은 영광 중에 즐거워하며 그들의 침상에서 기쁨으로 노래할지어다" (시 149:5)

첫 타밀어 찬양사역

2011년 3월 21일, 벨루(Vellour) 지역에서 처음으로 인도 목회자 부부 대상 로열 패밀리 세미나(가정 세미나)가 있었다.

띠루물라이바얄 인도목회대학원 학생인 앤드류 목사는 벨루지역에서 영향력 있는 목회자다. 그는 벨루지역에서 매달 목회자 기도모임을 이끌고 있다.

그가 일 년 전부터 그 모임에 주강사로 와달라고 나를 초청했다.

하지만 거리가 멀고(자동차로 왕복 7시간거리) 첸나이 사역도 바빠 시간을 내지 못했다. 그러나 강의가 끝날 때마다 찾아와 부탁했다. 차일피일 미루다 더 이상 거절할 수 없어 승낙했다.

집회 장소는 벨루지역에서 제법 큰 교회였고, 그날 세미나에 162명의 목회자 부부가 참석했다. 그날 혹시나 싶어서 타밀어 찬양 가사를 적은 종이를 가지고 갔었다.

강단에 앉아 집회를 위해 기도하던 중, 이 모임에서 타밀어 찬양을 하라는 성령의 말씀이 들렸다. 드디어 앤드류 목사가 주강사인 나를 소개했다. 천천히 강단 앞으로 걸어 나가 마이크를 잡았다. 그러자 알 수 없는 힘이 온몸에 들어왔다. 성령이 함께 하시는 느낌이 강하게 들었다.

내가 천천히 말했다.

"사랑하는 목회자 부부 여러분! 만나서 반갑습니다. 제가 최근에 타밀어 찬양을 연습했습니다. 아마 이 모임에서 처음으로 부르라고 성령께서 연습시킨 모양입니다. 저는 찬양을 잘 못합니다. 그러나 여러분이 도와주시면 놀라운 은혜가 일어날 줄로 믿습니다. 다 함께 '안부꾸르벤' 찬양을 부릅시다."

모임에 참석한 목회자 부부들이 너무 좋아했다. '할렐루야' 소리가 여기저기서 터져 나왔다. 생각지도 않게 외국 선교사가 자신들 언어인 타밀어로 찬양을 한다고 하니 더 기쁘고 좋은 모양이었다. 다같이 뜨거운 마음으로 '안부꾸르벤' 찬양을 불렀다.

안부꾸르벤 인늄 아디가마이
(주님을 더욱 더 사랑합니다)
아라디 인늄 아르와마이
(주님을 더욱 더 예배합니다)

물르 울라또두 아라디
(전심으로 주를 예배합니다)
물르 벨라또두 안부꾸르벤
(전력으로 주를 사랑합니다)

아라다나이 아라다나이
(예배합니다 예배합니다)

1. 에빈에제레이 에빈에제레이
이루와라일 우다비니레이
(지금까지 주님께서 저를 도우셨습니다)
물르 울라또두 아라디
(전심으로 주를 예배합니다)
물르 벨라또두 안부꾸르벤
아라다나이 아라다나이
(예배합니다 예배합니다)

2. 엘로이 엘로이
엔나이 깐디레이 난드리 야야
(저를 지켜주셔서 감사합니다)
물르 울라또두 아라디
(전심으로 주를 예배합니다)
물르 벨라또두 안부꾸르벤
아라다나이 아라다나이
(예배합니다 예배합니다)

3. 에그와 라파 에그와 라파
수감 딴디레이 난드리 야야
(저를 치료해 주셔서 감사합니다)
물르 울라또두 아라디
(전심으로 주를 예배합니다)
물르 벨라또두 안부꾸르벤
아라다나이 아라다나이
(예배합니다 예배합니다)

손을 높이 들고 주님의 사랑을 생각하며 이 찬양을 부르자, 뜨거운 눈물이 흐르기 시작했다. 인도 영혼을 사랑하시는 하나님 아버지의 마음이 그대로 내게 전달되는 듯했다.

여기저기서 함께 눈물을 흘리고 있는 인도 목회자 부부들이 눈에 보였다. 그날 집회 위에 놀라운 성령의 역사가 일어났다. 아무도 상상하지 못했던 뜨겁고 새로운 성령의 역사였다.

"할렐루야 새 노래로 여호와께 노래하며 성도의 모임 가운데에서 찬양할지어다" (시 149:1)

집회가 끝나자, 모임을 주최한 앤드류 목사가 내게 다가왔다. 그의 눈가가 촉촉이 젖어 있었다.

"선교사님! 너무 놀랍고 은혜로운 집회였습니다. 모두가 큰 은혜를 받았습니다. 감사합니다. 정말 감사합니다."

 # 인도 영혼에 더 가까워지다

그 다음날은 띠루물라이바얄 인도목회대학원에서 강의하는 날이었다. 강의 전에 학생들에게 '안부꾸르벤' 찬양을 부르자고 하자 학생들이 무척 놀라면서도 기뻐하는 표정이었다.

한편으로는 지금까지 내가 한 번도 타밀어 찬양을 부른 적이 없기 때문에 정말 내가 타밀어 찬양을 잘 할지 의아스럽다는 얼굴이었다.

다 같이 일어나 '안부꾸르벤' 찬양을 부르니, 역시 큰 성령의 임재가 있었다. 많은 학생들이 은혜 받고 눈물을 흘렸다. 강의가 끝나자 유니스(Eunice) 사모가 내게 다가와 말했다.

"선교사님! 최고예요. 당신 목소리에 하나님의 영이 임재하고 계십니다. 우리 모두가 그걸 느꼈습니다. 선교사님, 타밀어 발음이 인도 사람하고 똑같아요."

그날 유니스 사모뿐 아니라 전체 학생들이 내게 한 마디씩 격려의 말을 해주었다. 제바꾸말 목사 말대로 타밀어 찬양의 힘은 정말 대단했다. 평소 나하고 간단한 인사만 나누던 분들도, 그날은 나에게 다가와 '정말 은혜 받았다'고 말했다. 타밀어 찬양에 우리를 하나 되게 하는 강한 파워가 있음이 분명했다.

그 후부터 부흥집회도 타밀어 찬양으로 인도했다. 역시 그 전보다 더 크고 놀라운 역사가 일어났다. 내가 부르는 타밀어 찬양으로 은혜 받는 사람들이 점점 늘어났고, 그렇게 성령의 역사는 가는 곳마다 더 크게 나타났다.

타밀어 찬양을 배우는 대로 인도목회대학원 수업 때마다 불렀다. 부를 때마다 내 눈에서는 눈물이 끊임없이 흐르고 하늘 문이 열리는 듯한 느낌이 든다.

타밀어 찬양을 부르면 인도 사람들이 아주 좋아한다. 나를 더 가족처럼 느끼고 인도 선교사로 더 인정해 준다. 인도목회대학원에서 강의가 끝나면 타밀어 찬양을 함께 부르고 통성으로 기도하고 끝낸다.

한 번은 앤드류(Andrew) 목사가 강의가 끝나자 내게 다가와 이렇게 말했다.

"선교사님! 요즘엔 당신이 외국 사람이라는 느낌이 전혀 안 듭니다. 우리 인도 사람하고 똑같이 느껴집니다."

그 순간, 신기하게도 큰 코끼리가 연기처럼 스르르 사라져 버렸다. 인도인들이

그토록 부의 상징으로 섬기는 코끼리가 아무것도 아니라는 것을 그때 확실히 알았다.

그런 헛된 신들을 인도 사람들이 믿고 있다고 생각하니 마음이 급해졌다.

더 열심히 선교해서 인도 사람들을 빨리 구원해야겠다는 마음이 강하게 들었다.

Part. III
독특한 인도

chapter 1

흰 피부를 중시하는 인도

인도 사람들은 흰 피부를 아주 좋아한다. 경제계, 정치계, 연예계에 종사하는 대부분의 사람들이 흰 피부를 가졌다. 한국 사람들이 인도에서 환영받는 이유 중의 하나도 바로 흰 피부 때문이 아닌가 한다.

인도에서는 대부분 중매결혼을 한다. 결혼 적령기에 찬 선남선녀들의 가정에 매파가 오가며 중매한다. 어느 책에서 읽었다. 남자 쪽에서 매파에게 원하는 신부의 조건을 적어주는데 그 1순위가 바로 흰 피부를 가진 여자라고. 그 다음이 다우리(dowry), 결혼지참금이다.

그만큼 인도에서는 신부의 흰 피부가 다우리보다도 더 중요하다.

돈은 노력하면 벌 수 있지만, 피부는 아무리 돈이 많아도 바꿀 수 없기 때문일 것이다. 2세를 생각해서라도 피부를 중요하게 여긴다.

흰 피부를 가진 여자

나는 어릴 적, 시골에서 자랐다. 집에서 학교까지 먼거리를 걸어다녀야 했다. 단발머리를 찰랑거리며 학교를 가노라면, 마을 중간에 노인들이 쉬는 정자를 지나가야 했다. 그 정자에 있던 할아버지 한 분이 나만 보면 꼭 한 마디씩 하셨다.

"저놈 좀 봐. 꼭 지 애비 최순영(우리 아버지 존함)을 닮아서 피부가 뽀얗구먼."

그 할아버지가 긴 곰방대를 들고 그렇게 말할 때마다 너무 무서웠다. 그때마다 그 정자를 쏜살같이 뛰어서 지나가곤 했다. 매일 학교를 오고 갈 때마다 그 정자를 지나야 하는 것이 내게 큰 걱정거리가 되었다. 어떤 때는 일부러 먼 길을 돌아서 집에 가기도 했다. 매일 속으로 오늘은 그 할아버지가 정자에 계시지 않기를 간절히 기도했다. 기도한 대로 그 이상한 할아버지가 정자에 없으면 그렇게 기쁠 수가 없었다.

내 피부가 시골 아이치고는 흰 피부라 그 할아버지가 이뻐서 그러신 것을, 그때는 너무 어려 잘 몰랐던 것 같다.

우리 남편은 피부가 약간 검은 편이다. 말하지 않고 가만히 있으면, 인도 사람으로 착각해 인도 사람들이 인도말로 말을 걸어올 정도

다. 한국에서도 남편을 인도 사람으로 착각하는 분들이 간혹 있다.

한 번은 남편이 시골에 있는 어느 교회에 가서 나이 드신 권사 한 분과 이야기를 나누고 있었다. 대화 중에 갑자기 그 권사가 이렇게 말하는 것이었다.

"선교사님! 선교사님은 인도 선교사님이시라며 왜 그렇게 한국말을 잘해요?"

"예? 저는 한국 사람이에요. 근데 인도에서 선교합니다."

남편이 웃으며 대답했다.

흰 피부와 선교활동

나는 인도에서 흰 피부 때문에 현지인 팬들이 많다. 심지어 팔이나 얼굴을 만져보려고 하는 인도 사람들도 있다. 인도에서 피부가 하얀 사람은 지위가 높고 귀한 집안 사람이라는 개념이 있다. 그러고 보면 피부까지도 인도 선교를 위해 주님이 예비해 주신 것이 아닐까 하는 생각이 들 정도다.

인도 사람들은 집에 아기 사진을 걸어놓아도, 피부가 하얀 외국 아기 사진을 걸어 놓는다. 한국 아기들도 아주 좋아한다. 뽀얀 피부를 가진 한국 아기가 예뻐 보이는지 볼을 뜯어먹는 시늉을 하기도 하며 귀여워한다. 검은 피부를 가진 아기만 보다가 하얀 피부를 가진 아기를 보면 그렇게 예쁜 모양이다.

인도에서 내 피부가 선교에 한 몫을 한 것은 분명하다. 부족한 영성을 흰 피부로라도 보충할 수 있으니 얼마나 감사한 일인가. 하지만 흰 피부로 억울한 일을 당한 때도 있었다.

한국에 가면 어떤 분들이 나에게, "어머! 선교사님! 피부가 어쩌면 그렇게 희지요?"하고 물어본다.

이런 분들은 대부분 우리 선교지에 오지 않은 분들이다. 현장을 다녀가신 분들은 내 피부 이야기를 잘 하지 않는다. 왜냐하면 피부색에 상관없이 내가 얼마나 열심히 사역하는지 다 알기 때문이다.

이런 말을 들을 때마다, '선교지에서 사역 안 하고 놀다 오셨어요?' (내가 좀 예민한 편이라...)라는 말로 들린다. 솔직히 기분이 썩 좋지는 않다.

남편은 피부가 검은 편이라 햇볕에 삼십 분만 나가 있으면 새까맣게 탄다. 하지만 나는 햇볕을 오래 쐬면 피부가 빨갛게 익었다가 다시 본래의 피부색깔로 회복된다. 이것이 흰 피부와 검은 피부의 차이점이다. 그런데도 종종 흰 피부 때문에 억울한 오해를 받는다.

제발 피부 색깔에 따라 선교사의 노고를 측정하지 마시길 부탁드린다. 그리고 크게 외치고 싶다.

"저 선교 아주 열심히 하고 있어요. 흰 피부 때문에 오해하지 마세요. 이 흰 피부가 인도선교에 한 몫을 단단히 하고 있답니다."

문제 많은 "No problem"

인도의 교통질서

인도 사람들과 대화하다 보면, 가장 많이 듣는 말이 있다. 'No problem'(문제없어요)이라는 말이다. 그런데 인도에서 살다보면, 이 'No problem'이 큰 문제일 때가 종종 있다.

인도에 와 본 사람은 다 알겠지만, 인도는 교통질서가 엉망이다. 인도도 없고 차도도 따로 없다. 길거리에는 사람에서부터 아토릭샤, 버스, 트럭, 마차, 자전거, 택시, 승용차, 봉고차, 오토바이, 소 할 것 없이 온갖 다닐 수 있는 것들은 구분없이 죄다 다닌다. 이렇게 혼잡한 도로는 세계적으로 보기 드물 것이다.

차도, 인도 구분없이 복잡한 인도의 도로.

　게다가 인도 사람들의 운전 습관은 아주 독특하다. 절대 양보하지 않고 오로지 앞만 보며 간다. 인도에 와서 놀란 것이 사이드 미러 (side mirror)를 떼고 운전하는 것이었다. 옆 차와의 간격을 거의 10cm 간격으로 바짝 붙여서 운전을 하기 때문에, 사이드 미러도 불편해서 떼고 다닐 정도이다.

　이처럼 상식을 벗어나는 교통습관에 집만 나서면 마음이 불안해진다. '어떻게 저 교통지옥을 뚫고 가야 하나?' 하는 생각에 기도가 절로 나온다.

　그러다 보니 크고 작은 교통사고가 많이 난다. 틈만 보이면 오토바이나 사람들이 불쑥불쑥 튀어 나와 깜짝깜짝 놀랄 때가 많다. 어느 방향에서 뭐가 튀어나올지 모르니 한시도 경계를 늦추면 안 된다.

인도에서 새 자동차를 뽑고 나서 며칠 후, 남편이 직접 차를 운전하고 나갔다. 어느 정도 가다가 유턴을 하는데 갑자기 생각지도 않은 방향에서 오토바이가 나타나더니, 우리 차를 치었다.

순식간에 일어난 일이라 어떻게 해야 할지 몹시 난감했다. 일단 창문부터 열고 대화를 시도하려고 했다. 그런데 오토바이 운전사는 우리가 뭐라고 하기도 전에, "No problem" 하고는 그냥 가버리는 것이었다.

"어... 뭐야. 여보! 빨리 따라가서 잡아요!"

내가 다급하게 소리쳤다.

너무 놀란 남편은 다리가 풀려 따라가지 못했다. 이 복잡한 도로에서 그 오토바이를 차로 따라갈 수도 없었다. 일단 가슴을 진정시키고 한적한 곳에 차를 세웠다. 내려서 확인해 보니 오른쪽 문 두 짝이 푹 들어가 있었다.

"세상에..."

그런데도 미안하다는 말은커녕, 'No problem'만 내뱉고 가 버린 것이다. 새 차를 뽑은 기쁨이 채 며칠 가지 못했고, 수리비만 오십만 원이 넘게 들었다. 그야말로 인도의 'No problem' 맛을 제대로 본 것이다.

그 다음부터 우리는 'No problem'에 대한 노이로제에 걸렸다. 인도 사람이 'No problem' 하면, 그냥 습관적으로 하는 말로 알아듣는다. 잘 지켜지지 않을 약속이라는 것도 알게 됐다.

인도에서 물건을 사도 그렇다. 오늘까지 배달해 줄 수 있냐고 하면, 'No problem' 한다. 그러나 그날 도착하는 일은 거의 없다. 늦어서 미안하다는 전화 한 통 없다. 그 다음날이 돼도 연락이 없다. 소비자가 전화해야 한다. 그러면 상황이 어쩔 수 없었다며 오늘은 분명히 배달해 주겠다고 한다. 하지만 그날도 배달 오는 경우는 드물다. 일주일, 심지어 이주일이 지나야 약속한 물건을 받을 수 있다. 약속에 대한 개념도, 시간 개념도 별로 없기 때문이다. 물론 서비스에 대한 개념도 거의 없다.

달라진 인도생활

인도에서의 삶은 매일 자기와의 싸움이다. 상식적으로 인도 사람들을 생각하면 열통 터져 못 산다. 늘 '그럴 수도 있다'는 여유로운 마음으로 자신을 비워나가야 한다. 그렇지 않으면 별로 좋지 않은 성격도 그나마 다 버린다.

그래서 나는 매일 아침 큐티(Quiet Time)를 하고 기도로 철저하게 무장을 한다. 오늘은 화내는 일이 생기지 않도록 간절히 기도도 한다. 하지만 밖에 나가서 인도 사람들을 상대하다 보면 오 분도 안 지나 화를 낼 때가 많다. 이러다가 선교는커녕, 내가 먼저 어떻게 될 것 같다는 느낌이 들기도 한다. 그래도 인내하며 주님의 도우심을 구해야 한다.

요즘은 인도 사람 같은 여유도 생겼고 인도 생활에 많이 적응이 되었다. 지금은 인도가 제2의 고향처럼 편안하고 좋다. 여기저기 인도 친구들도 많이 생겼다. 알고 보면, 정 많고 따뜻한 사람들이 바로 인도 사람들이다. 얼마 전엔 우리 뒤에 있던 차가 우리 차를 느닷없이 받았다. 일단 차에서 내려 상태를 보니, 차체가 별로 크게 손상을 입지 않았다. 내가 먼저 뒤차 주인에게 손을 흔들며, "No problem!" 했다. 그랬더니 그 운전사도 싱긋 웃었다.

요즘엔 나도 인도 사람들처럼 적재적소에 'No problem'이라는 말을 잘 쓴다. 그러고 보니 이젠 나도 인도 사람 다 됐다.

chapter 3

다음날 오는 인도 사람들

여유있는 시간개념

인도를 두 번째 선교지로 정하기 전, 남편이 인도에 답사를 갔다 오더니, 바짝 말라왔다. 몰골이 말이 아니었다. 한 달 동안의 인도 답사가 어땠는지 한 눈에 알 수 있었다. 거지도 그런 상거지가 없었다. 마른 몸에 남루한 옷, 게다가 수염까지 길어 딴사람 같아 보였다.

며칠 푹 쉬고 난 남편이 하루는 이렇게 말했다.

"여보, 인도에서 나 죽을 뻔했어."

"아니, 왜요?"

내가 놀란 토끼 눈을 하고 물었다.

“한 번은 내가 열병에 걸렸는데 죽을 것처럼 아프더라고. 필리핀에서도 열병에 걸렸었지만 그건 댈 것도 아니었지. 하루 종일 아파서 여관방에 누워 있는데, 마침 인도 친구가 나를 만나러 왔다가 병에 걸린 것을 보고 약을 사다 준다고 하는 거야.

그런데 아무리 기다려도 오지 않지 뭐야. 그 친구가 다음날 왔더라고. 나는 밤새 아파서 거의 죽을 뻔했는데 말이야.”

“다음날 왔다고요?”

“그렇다니까… 왜 이제야 왔냐고 하니까 그 친구가 말하기를, 오다가 친구를 만나 이야기하다가 내가 아픈 것을 깜빡 잊었다는 거야. 그 다음날 되어서야 생각나서 왔다고 하는데 정말 기가 막혀 말이 안 나오더라고. 난 그날 정말 죽는 줄 알았어. 밤새 얼마나 아프던지 생각하기도 싫다니까.”

도무지 상식적으로 이해가 되지 않는 이야기를 남편이 했다. 그런데 이것이 인도 사람들의 시간개념이다.

인도 사람들은 그 다음날 옵니다

필리핀에 살 때 한 번은 이런 일이 있었다. 어느 날 필리핀 친구 가족을 우리 집 저녁식사에 초대했다. 음식을 다 차려놓고 기다렸지만, 두 시간이 지나도 초청한 필리핀 친구가 오지 않았다. 너무 낙심해 음식을 치우려고 하다가 옆집에 사는 필리핀 이웃에게 이럴 때는 어떻게 해야 하는지 물어보았다. 그랬더니 필리핀 이웃이 하는 말이 조금만 더 기다리면 올 것이라고 하는 것이었다.

두 시간이 지나서 오는 사람들이 어디 있을까 싶었지만, 차린 음식이 아까워 좀 더 기다리기로 했다. 아니나 다를까 한 삼십 분 정도 더 지나자, 한 무리의 사람들이 트라이시클을 타고 우리 집 앞에 나타났다. 그 필리핀 친구 가족들이었다.

그때 우리는 필리핀 사람들의 시간개념을 확실하게 체험했다. 필리핀 친구에게 왜 이렇게 늦었느냐고 물으니 이렇게 대답했다.

"우리 필리핀 사람들이 두세 시간 늦는 것은 그래도 괜찮은 겁니다. 인도 사람들은 그 다음날에 옵니다."

그 당시에는 그 말이 무슨 뜻인지 잘 몰랐다. 세월이 한참 흐른 후, 그 필리핀 친구의 말대로 남편은 다음날 오는 인도 사람을 직접 체험한 것이다.

급할 때는 급하다

인도 사람들은 운전을 정말 급하게 하고, 줄 설 때 새치기도 잘 한다. 가만히 보면 성격이 매우 급한 사람들인 것 같다. 하지만 그 외에는 다 느리다. 특히 시간에 대한 개념이 별로 없다.

인도에서 부흥집회를 할 때 "몇 시에 시작하느냐?"고 물으면 시간을 알려준다. 그 시간을 지키기 위해 아등바등 교통체증을 뚫고 교회에 도착해보면, 우리가 제일 먼저 와 있다. 한 시간 정도 지나야 교회에 반 정도의 사람이 찬다. 목회자는 교인들이 올 때까지 계속 찬양을 인도한다.

결혼식도 마찬가지다. 인도에서 결혼식에 참석할 기회가 몇 번 있었다. 결혼식 시간에 맞춰 가보면, 준비하는 사람과 몇 명의 하객만 와 있기도 했다. 심지어 두 시간이 지나서야 결혼식이 시작되기도 해 힘들 때도 있었다.

지금은 요령이 생겼다. 인도 교회에서 부흥집회를 약속할 때 일단 예배 시간을 물어보고 한 시간 정도 늦게 간다. 그러면 대충 시간이 맞아 들어간다. 결혼식도 몇 시에 오라고 하면, 한 시간 반 정도 늦게 간다. 그러면 결혼식 시작하는 시간에 맞출 수 있다.

인도 목회자들을 훈련하는 사역을 하면서, 우리가 가장 중요하게 훈련하는 부분이 바로 시간개념이다. 수업 시작하는 시간에 정확하게 맞춰 출석을 부르고 두 번 지각하면 한 번 결석으로 처리했다. 이 부분을 아주 강하게 훈련시켜 나갔다. 그러자 얼마 후 이상한 일이 생겼다.

한 번은 우리가 훈련한 목사 교회에 부흥집회를 인도하러 갔다. 그런데 그 교회 성도들이 주강사인 우리를 너무나 오랫동안 기다리는 사태가 벌어졌다. 알고 보니 우리에게 시간개념을 철저히 배운 그 목사가 성도에게 시간을 정확히 지키도록 훈련시켜 놓았던 것이다. 그것도 모르고 우리는 평소처럼 인도교회 예배 시간이 원래 늦으므로, 1시간 늦게 가는 바람에 이런 당황스런 일이 생긴 것이었다. 우리는 인도 사람이 되어 가고, 인도 사람들은 한국 사람이 되어가는 재미있는 현상이 일어나고 있다.

chapter 4

다음부터 조심해!

쇼핑몰에서의 경험

한 번은 첸나이에 있는 스펜서(Spencer) 쇼핑몰에 갔다. 모처럼 쇼핑 삼매경에 빠져 이것저것 정신없이 구경하고 있었다. 그런데 갑자기 인도 남학생이 내 옆을 스윽 지나가면서, 내 엉덩이를 만지고 지나가는 것이 아닌가. 순식간에 일어난 일이었지만, 내 눈에선 불이 번쩍였다.

'어라, 요놈 봐라... 감히 내 엉덩이를 만져?

이것을 어떻게 처리해야 할지 잠시 고민하다가, 일단 남편에게 이야기했다. 하지만 남편은 별로 놀라는 기색도 없이 덤덤했다. 그게 더 화가 났다.

"어떤 놈이 내 엉덩이를 만지고 갔다니까요. 빨리 잡아요!"

나도 모르게 남편에게 크게 소리를 질렀다. 쇼핑몰 안에 있던 사람들이 우리 쪽을 쳐다보기 시작했다. 남편도 그때서야 사태의 심각성을 알고, '그놈'을 찾기 시작했다.

그런데 큰일이었다. 인도에 온 지 얼마 되지 않아, 인도 사람들이 모두 다 똑같아 보였다. 누가 누구인지 도대체 분간이 되지 않았다. 자존심 하나로 사는 나는 더 열이 나 눈에 불을 켜고, '그놈'을 찾아다녔다.

그러다가 비슷한 남학생을 보면 다짜고짜, "너 금방 내 엉덩이 만졌지?" 하고 물었다.

그러면 놀란 눈으로 나를 쳐다보며, "No!"라고 했다.

창피한 것도 없었다. 남편이 내 옆에서 더 창피해 했다. 인도에서 성추행은 어디에서나 비일비재한 일이다. 여성을 단순히 남성의 성적 대상으로 인식하는 경향이 많기 때문이다.

하지만 일단 경찰에 신고하면 강하게 처벌 받는다. 특히 외국인 여자를 건드리면 경찰이 더 적극적으로 나선다. 그러므로 이런 일을 당하면 강하게 대처해야 한다.

한 10분쯤 작정하고 쇼핑몰 안을 돌아다니자, 드디어 '그놈'을 만났다. 그 녀석은 나를 보자마자 벌벌 떨었다.

"너 왜 그랬어?"

내가 강하게 물었다. 그리고는 즉시 핸드백에서 디지털 카메라를 꺼내 무조건 사진을 찍어 두었다. 경찰서에 가자고 했다. 그러자 두려움을 느꼈는지, 그 남학생이 용서를 구했다.

"한 번만 용서해 주세요. 저도 모르게 그랬어요."

떨리는 목소리로 그 녀석이 말했다. 간절히 애원하는 모습에 화가 좀 누그러졌다. 경찰에 넘겨지면 그 녀석이 얼마나 큰 어려움에 처하게 되는지 잘 아는 나는, 훈계차원으로 끝내기로 했다.

"다음부터 조심해!"

그 말이 끝나기가 무섭게, 녀석은 내 앞에서 총알같이 사라졌다.

고소당한 인도 남자

며칠 전 신문에서 읽은 이야기다.

나이 지긋한 50대 인도 남자가 비행기를 탔다. 기내 전등이 꺼지자, 옆에 앉은 외국 여자를 슬그머니 만져 고소당했다는 내용이었다. 멀쩡해 보이던 그 인도 남자는 결국 억대의 손해배상을 물게 되었다는 기사였다. 인도 남자들은 좀 음흉한 면이 있다.

인도는 버스 안이나 기차 안이나 어디서나 성추행이 잘 일어난다. 특히 긴 시간 타고 가는 기차 안은, 성추행의 사각지대다. 기차에 여성만 타는 칸이 따로 있지만, 몇 칸 되지도 않아 늘 비좁다. 인도에서 여성들은 항상 조심할 수밖에 없다. 성추행을 당하는 여성은, 당할 때마다 몹시 불쾌하고 그 기분 나쁨은 이루 말할 수가 없다.

인도 사람들은 쇼핑몰 안 에스컬레이터에서도 바짝 붙어서 탄다.

차를 운전할 때도 차간 간격을 거의 떼지 않고 바짝 붙여서 운전해, 불필요한 접촉사고가 많이 난다. 차나 사람에게 적당한 간격을 두면 좋을 것 같은데, 너무 바짝 붙어 불쾌감을 조성한다.

그 일이 있은 후부터, 남편이 내 보디가드 역할을 철저히 하게 됐다. 어디를 갈 때마다 항상 내 뒤에서 걷는다. 혹시나 어떤 놈이 또 마누라 엉덩이라도 만질까봐 나름대로 열심히 방어한다. 가끔 남편의 경호자세가 흐트러져 보드가드 직업의식을 잊을 때면, 내가 즉시 한 마디 한다.

"Please, cover me!"(나를 방어하세요)

그러면 남편은 농담 삼아 한 마디 한다.

"최성자, 여전히 젊다는 뜻이야. 좋게 생각해. 나이 들어 봐 그런 일 절대 없지."

chapter 5

가네샤 코끼리 신과의 싸움

상상을 초월하는 신의 숫자

어느 책에 보면, 인도에 3억 3천의 신이 있다고 한다. 아니 그보다 더 많은 4억 7천의 신이 있다고도 한다. 인간의 상상을 초월하는 숫자다.

어떤 사람은 표현하기를 '인도는 모든 악의 침실' 이라고 했다. 좀 극단적인 표현이기는 하지만, 인구가 많다보니 각종 해괴망측한 사건들이 많이 일어나고, 인간의 상식을 초월하는 몹쓸 사건들이 많이 생겨서 그런 것 같다.

인도에서는 살아 있는 사람을 신으로 추앙하는 경우도 많다. 죽은 사람도, 산 사람도 신으로 만들어야 직성이 풀리는 인도 사람들. 왜 이렇게 많은 신을 섬기는지 도무지 알 수 없다. 속히 이 인도 땅이 시뻘건 예수의 피로 뒤덮여, 모든 악이 사라지고 사랑과 평화의 나라가 되기를 간절히 기도한다.

인도에서 가장 인기있는 신(神)

인도 사람들이 섬기는 많은 신들 가운데 가장 인기 있는 신이 바로 가네샤 신(lord Ganesha)이다. 매년 9월이나 10월에 이 가네샤 신을 기념하는 축제를 일주일 동안 연다.

이 축제기간의 정식 이름은 비나야가 싸두띠(Vinayagar Sathurthi)이고, 일반적으로는 가나빠띠 뿌자(Ganapathi Puja)라고 부른다. 이 축제기간 동안에 인도 사람들은 코끼리 인형을 사서 각종 장식을 하기도 하고, 거리에 대형 코끼리 형상을 만들어 아름답게 장식해 놓는다. 목욕을 정성껏 하고, 맛있는 음식을 가족들끼리 만들어 먹으며, 대문 앞에 쌀가루로 복을 비는 그림을 그려 놓는다. 칠 일째 되는 마지막 날에는 대형 코끼리 형상을 트럭에 싣고 가 강에 가져다 버린다. 이렇게 하면 축제가 끝난다.

이광수가 쓴 『인도는 무엇으로 사는가』 라는 책에 가네샤 신에 대한 간단한 소개가 나온다. 그의 말을 요약해 보면 이렇다.

인도 사람들이 가장 많이 모시는 신으로 배불뚝이 코끼리 신 가네샤가 있다. 가네샤는 부처의 어머니 마야 부인이 꿈에 봤다는 그 흰 코끼리이다. 가네샤는 배불뚝이다(그래서 그런지 인도는 배나온 것이 부의 상징임).

가네샤는 어려움을 헤치고 풍요, 번영, 행운, 그리고 평안을 가져다주는 신의 상징이다. 가정의 부와 사업의 번창을 바라는 인도 사람들은 가네샤 신에게 복과 행운을 구한다.

많은 인도 사람들이 집과 대문, 그리고 가게 문 앞에 가네샤 성화를 걸어놓는다. 새 집으로 이사했을 때, 새로 사업을 시작할 때, 은행에서 구좌를 새로 열었을 때, 혹은 멀리 출장 갈 때 등등... 심지어 사원에 처음 들어갈 때도 가네샤 신에게 행운을 빈다. 또한 책머리에 '가네샤 신에게 경배를' 이라는 문구를 많이 써 넣는다.

사라진 가네샤 신(神)

어느 해 가네샤 신을 섬기는 날이 다가오고 있었다. 일주일 전부터 머리가 아프더니 점점 더 심해지고 있었다. 매일 가네샤 신을 대적하는 기도를 했다.

밤에 잠을 자고 있었는데, 갑자기 창문으로 커다란 검은 그림자가 우리 방으로 들어오는 것이 느껴졌다. 몸집이 집채만 한 거대한 코끼리였다. 그 코끼리가 나한테 점점 가까이 다가왔다.

내가 계속 기도로 대적하니까 나를 죽이려고 찾아온 것 같다는 생각이 들었다. 그 코끼리는 나를 보자마자 달려들더니, 큰 두 앞발을 번쩍 들어 내 목을 누르기 시작했다.

3억 3천이라는 놀라울 정도로 많은 신(神)이 있다는 인도. 그 중에서 가네샤 신이 가장 인기가 있다.

그러면서 하는 말이, "너 왜 나를 대적해? 죽여 버리겠어!" 하는 것이었다.

나는 즉시 "예수! 예수!" 예수님의 이름을 크게 부르기 시작했다.

그랬더니 숨 막히는 것이 조금 덜해졌다. 코끼리 몸집이 너무 커서 나를 누르면 금방 죽을 것 같았지만, 막상 상대해보니 큰 몸집에 비해 별로 무겁지도 않았다.

이때다 싶었다.

"예수님의 이름으로 명하노니 당장 물러가라. 이 더러운 가짜 신아. 내가 예수님의 이름으로 너를 대적한다! 나가라! 나가라! 나가!"

그 순간, 신기하게도 큰 코끼리가 연기처럼 스르르 사라져 버렸다. 인도인들이 그토록 부의 상징으로 섬기는 코끼리가 아무것도 아니라는 것을 그때 확실히 알았다.

예수 앞에서는 그 어떤 신도 연기처럼 사라지는 하찮은 존재들이다. 그런 헛된 신들을 인도 사람들이 믿고 있다고 생각하니 마음이 급해졌다. 더 열심히 선교해서 인도 사람들을 빨리 구원해야겠다는 마음이 강하게 들었다. 그 다음부터 다시는 내 앞에 코끼리 신이 나타나지 않는다.

"그런즉 너희는 하나님께 복종할지어다 마귀를 대적하라 그리하면 너희를 피하리라" (약 4:7)

chapter 6

여자라고 무시하는 인도 남자들

나도 돈 있단 말예요!

인도는 남성중심 사회다. 경제권도 거의 남자가 갖는다. 재래시장에도, 현대적인 쇼핑몰에도 어디를 가든 남자가 많다. 물건을 살 때도, 남자 혼자 가든지 남자와 함께 가족들이 간다. 한국과는 많이 다른 문화다.

우리 아파트에 아파트 관리비를 받는 남자 매니저가 있다. 이 사람은 거의 웃지 않고 늘 퉁명스럽다. 한 번은 아파트 관리비를 받으러 우리 집에 왔다.

그때 나 혼자 집에 있어서 문을 열고 나갔더니, 매니저가 불쑥,

"당신 남편 어디 있나요?" 하고 물었다.

"잠깐 볼일 보러 밖에 나갔는데요. 왜 그러시죠?"

"그럼 다음에 오죠." 하더니 돌아서서 가려고 했다.

이 아파트 매니저가 이러는 이유가 있다. 인도는 경제권을 거의 남자가 갖고 있어, 여자인 내게 관리비 이야기를 해 봤자 소용없다고 생각했기 때문이다.

남편은 그날 매니저가 오면 관리비를 주라며 나한테 돈을 맡겨놓고 나갔다. 그날이 아파트 관리비 내는 마감날이라고 했다.

"잠깐만요! 아파트 관리비 때문에 그러시죠?"

돌아서 가려는 그에게 내가 다급하게 물었다. 하지만 그 매니저는 쳐다보지도 않고 엘리베이터 버튼을 누르고는 문이 열리자 그냥 내려가 버렸다.

"아저씨! 나 돈 있단 말예요!"

내가 닫힌 엘리베이터 문에다 대고 소리질렀다. 너무 급한 나머지 한국말이 나와 버렸다.

'저 아저씨 진짜 여자 무시하네? 우리 집에선 내가 실세인데...' 혼자 중얼거리며 속상해 했다.

오기가 발동하다

인도에서는 이런 일이 비일비재하다.

집에 수리할 거나 고장난 것이 있어서, 여자인 내가 매니저한테 이야기하면 잘 듣지도 않는다. 이야기할 때 잘 쳐다보지도 않는다. 그럴 때마다 정말 기분 나쁘다. 그런데 남편이 무엇을 부탁하거나 이야기하면 "Yes, sir"하며 잘 듣는다. 정말 확실한 성차별적인 태도다.

'도대체 왜들 여자를 무시하는 거야! 자기 엄마는 존중하면서 여자는 왜 무시해!' 속으로 소리도 쳐 본다. 그럴수록 여성의 가치와 존엄성을 살려야겠다는 각오를 하게 된다. 인도에서 여자라 무시당하는 사건이 생기면, 오기가 발동해 속으로 꼭 한 마디 한다.

'여자가 얼마나 위대한지 꼭 보여주겠어!'

chapter 7

첸나이에 있는 도마 성지

도마 순교성지

인도 첸나이에는 도마의 성지가 세 군데 있다.

첫 번째는 도마의 무덤이 있는 산톰 처치(Santhom Church)다. 이 성당은 로마의 베드로 성당, 스페인의 야고보 성당에 이어 세계 3대 대성당 중 하나다. 인도 사람들은 이것에 대한 자부심이 대단하다. 산톰 성당지하에 예수님의 제자 도마의 무덤이 있다. 그 무덤에 도마의 뼈가 있다고 믿는다.

두 번째는 도마가 숨어 지낸 동굴이 있는, 리틀 마운트(Little Mount)다. 이곳에 가면 도마가 잡히기 전에 숨어 지낸 작은 동굴이 있다. 그 동굴 중앙에 작은 바위가 있다. 그 중간에 두 개의 움푹 파인 곳이 있다. 그 자국이 도마가 무릎을 꿇고 팔을 대고 기도해서 생긴 자국이라고 믿는다. 그러나 그 말이 맞는지는 알 길이 없다. 그 동굴 바로 위에 가면 도마가 마셨다는 우물도 있다. 그 우물은 아무리 가물어도 한 번도 마르지 않았다고 한다. 가보면 늘 물이 있다.

세 번째는 도마가 순교당한 장소인, 성 토마스 마운트(St. Thomas Mount)다. 이곳에는 아주 크고 오래 된 나무가 있다. 전체적으로 가지가 늘어진 듯한 이 나무는 왠지 슬퍼 보인다. 도마가 창에 맞아 죽은 장소에 홀로 서 있어서 그런 것 같다.

이 세 곳은 모두 도마를 기념해서 만든 성지들이다. 그런데 첸나이에 도마 성지가 있다는 사실을 모르는 분들이 많다. 그 동안 인도가 잘 알려지지 않아서 그런 모양이다. 나도 인도 첸나이에 와서야 이곳에 도마 성지가 있다는 것을 처음 알았다. 첸나이에는 관광지가 별로 없기 때문에 선교 팀이 오면 마하발리뿌람(인도의 유명한 유적지 중 하나)이나 도마 성지를 주로 안내한다.

붉은 순교의 피가 흐르는 땅

언덕배기에 있는 성 토마스 마운트(St. Thomas Mount)에 올라서면 첸나이 시내가 다 보인다. 시원한 바람도 분다. 그곳에 가면 그나마 속이 탁 트이는 느낌이 든다. 일상에 찌들고 답답했던 마음이 좀 나아진다.

도마는 A.D. 52년에 인도에 와서 10개의 교회를 세웠고 A.D. 72년에 순교한 것으로 알려졌다. 의심 많던 도마가 주님의 못 자국을 직접 만져 본 후, "My Lord(나의 주), My God(나의 하나님)!"이라는 유명한 말을 남겼다. 도마가 가졌던 피상적 신앙이 주님의 못 자국을 만진 순간, 체험적 신앙으로 승화되어 그의 삶은 완전히 달라졌다. 주님의 못 자국을 만져 본 것이 너무 죄송해서였을까? 그 후 인도 선교사로 헌신하여 위대한 선교의 행적을 남기고 아름답게 순교했다.

도마 성지를 갈 때마다, 도마의 심정이 어떠했을지 상상해 본다. '어떻게 인도까지 왔을까? 지금도 인도에서 선교하기 힘든데 그때는 얼마나 힘들었을까?'

일설에 의하면, 힌두교도들이 그의 살가죽을 다 벗겨 죽였다고 한다. 그 순교의 피를 생각하면, 마음이 숙연해지고 다시 선교에 대한 열의가 뜨겁게 불타오른다.

21세기인 지금, 내가 인도 선교사로 와서 인도에서 느끼는 것이 있다. 그것은 도마의 순교의 피가 생생히 살아 이 척박한 인도 땅을 적셔가고 있다는 것이다. 그 순교의 피가 결코 헛되지 않아, 주님께 돌아오는 인도 영혼이 점점 더 많아지고 있다.

도마의 붉은 순교의 피가 흐르는 이 인도 땅. 그 귀한 순교의 피가 흐르는 땅에 내가 오늘 그의 뒤를 이어 선교사로 와 있는 것이다. 주님이 주신 심장으로 인도 한 영혼 한 영혼을 품으며... 아! 귀하고 아름다운 이름, 도마!

chapter 8

인도 영혼을 사랑하는 열병

가장 흔한 열병

열대지역 사람들은 거의 일 년 내내 여러 가지 질병에 시달린다. 인도에서 주로 발병하는 질병은 말라리아(Malaria), 댕귀(Dangu), 타이포이드(Typhoid), 치꾼구니아(Chicken Guniea) 등이다.

그 중에 열병은 가장 흔한 질병으로 많은 사람들이 이 열병 때문에 고생한다. 댕귀 열병이나 치꾼구니아 열병에 걸리면, 다른 열병에 비해 위험하고 사망률이 높다. 어떤 질병에 걸리든 가볍게 봐서는 안된다. 약을 먹어도 3일 이상 고열이 계속되면, 반드시 병원에 가서 피검사를 하는 것이 좋다. 그리고 무슨 종류의 질병에 걸렸는지 확인해서 적절한 조치를 취해야 한다.

나는 인도에 와서 열병에 자주 걸렸다. 병원에서 처방을 받아 약을 먹어도 잘 낫지 않았다. 그래서 열병 때문에 기도를 많이 했다. 어느 날 열병에 걸려 제법 큰 병원인 미오트(Miot) 병원을 소개 받아 갔다. 그 병원에서 드디어 좋은 의사를 만났다. 의사 이름이 바스까란(Baskaran)이었다. 바스까란 의사는 참 잘 생겼다. 영어도 인도식 발음이 아니라, 영국식 영어를 써 알아듣기 쉬웠다.

이 의사가 처방해 준 약을 먹으면 금방 효과가 있었다. 그 다음부터 열병만 나면 이 의사한테만 갔다. 바스까란은 힌두교를 믿는 의사지만 의외로 소통이 잘 되는 사람이었다. 아파서 갔는데 농담도 곧잘 주고받았다. 내가 열병에 걸려 자주 병원에 오자, 바스까란은 아예 자신의 개인 핸드폰 번호를 우리에게 주었다. 보통 다른 환자에게는 알려주지 않는 개인 번호였다. 특별대우였다.

어느 날 또 열병에 걸려 이 의사를 찾아갔다. 일주일 전에 만나서 처방을 받았는데 이상하게 낫지 않아 다시 찾아간 것이다. 바스까란 의사가 나보고 무슨 증세가 있느냐고 물었다. 늘 같은 증상이라고 했다. 처방전을 보더니 지시한 대로 약을 먹었느냐고 물었다. 그러고 보니 너무 바빠서 약을 제대로 챙겨 먹지 못했다. 먹지 않았다고 대답하자 그가 이렇게 말했다.

"지난번에 딱 한 가지 약을 처방했습니다. 그런데 그걸 안 먹었으니 이렇게 다시 온 겁니다."

그 말을 듣고, 내가 불쑥 말하기를,

"그러게 말입니다. 남편이 약을 챙겨줘야 하는데 그걸 안했으니 제가 다시 아파서 이렇게 또 병원에 왔지 뭐예요." 하며 나도 모르게 남편을 원망했다.

그러자 바스까란도 지지 않고 말했다.

"당신은 늘 남편을 원망하는군요."

"……."

한 방 맞아서 아무 말도 못하고 있는데, 옆에 있던 남편이 한 마디 했다.

"당신은 행운아인 줄 아세요. 제 아내가 당신 원망은 한 번도 안했으니까요."

빵 터졌다. 우리 셋은 한참동안 박장대소 했다. 다른 사람이 밖에서 들으면 의사 친구가 놀러온 줄 알았을 것이다.

나는 바스까란을 하나님이 만나게 해 주신 의사라고 믿었다. 너무 자주 병원에 오니 한 번은 우리 직업이 궁금한지 이렇게 물었다.

"도대체 뭐하는 분들이시죠? 어디에 사세요?"

인도에서는 공식적으로 선교사라고 말할 수 없어, 그냥 사회복지에 관한 일을 하는 사람들이라고 했다.

"왜 우리 직업이 궁금하시죠?" 내가 물었다.

"당신이 너무 자주 열병에 걸려서 오니까요. 좋은 환경에 사는 걸로 보이는데, 증세는 마치 아주 열악한 환경에 사시는 것 같아 보여서 그렇습니다."

그의 말이 맞았다. 우리가 사역하는 곳은 열악한 환경이다. 인도

목회대학원 학생들과 사모대학 학생들 대부분 가난하고 힘들게 사는 사람들이다. 그들과 삶을 부대끼는 것이 우리의 주사역이기 때문에 각종 병에 걸릴 확률이 높다.

바스까란은 갈 때마다 자세하게 여러 가지 주의사항들을 친절하게 설명해 주었다. 더 자주 손을 씻고, 항상 더운 소금물로 목을 헹궈야 한다고 조언해 주었다. 이제는 내 몸이 알레르기 반응까지 보인다며 먼지 알레르기, 해산물 알레르기, 피부 알레르기가 있으니 조심하라고 했다. 이런 알레르기 증상들은 첸나이를 떠나면 없어지지만, 첸나이에 사는 동안은 늘 조심하라고 했다.

열병을 낫게 하는 '처방전'

몇 년이 지나자, 그가 처방전을 써주며 말했다.

"It's going to be a book(처방전 파일이 한 권의 책이 되어가네요)."

다시 열병 증세가 있어 바스까란 의사에게 전화를 걸었다. 그런데 그가 병원을 옮겼다고 했다. 그러나 옮긴 병원까지 찾아가고 싶지는 않았다. 그 동안 그가 처방해 준 처방전을 들고 동네 약국에 가서 약을 사 먹었다. 생각했던 대로 금방 나았다.

그 후, 주님께 기도했다.

"주님, 이제 제 주치의도 없어졌으니 아프지 않게 해 주세요."

그로부터 신기하게 열병에 걸리지 않았다. 매 학기마다 열병에 걸려 수업을 못한 경우가 한두 번씩은 있었다. 그럴 때마다 인도 목회자들과 사모들은 통성으로 기도하며 내가 낫기를 기도했다. 남편이 혼자 수업을 하러 갔다 와서는 꼭 한 마디씩 했다.

"최성자는 너무 좋겠어. 오늘 수업 마치고 당신 아프다고 기도하자고 하니까 교실이 떠나가라 무섭게들 기도들을 하더라구. 그리고 내일 금식기도 들어간다는 사람도 있었어. 너무 좋겠어. 내가 아프면 기도도 많이 안 해 주는데 말이야."

하루 종일 아파서 누워 있다가 이런 말을 들으니 기분이 좋았다. 나를 위해서 기도해주는 팬(?)들이 많다는 말에 은근히 기쁘기까지 했다. 몇 년 동안 내가 자주 아팠던 것을 보아왔던 학생들이, 2011년 전반기에는 거의 열병에 걸리지 않고 파워풀한 사역을 하는 것을 보자, 모두들 신기해했다.

내 강의를 통역하는 훌다 사모가 한 번은 이렇게 말했다.

"선교사님, 당신 건강을 위해 우리 모두가 매일 기도했더니 요즘은 진짜 아픈 것을 못 보네요. 너무 감사한 일입니다."

그녀의 말대로 매년 열병을 앓는 횟수가 줄고 있다. 모두가 나를 위해 기도해주는 많은 분들의 중보기도의 힘이리라. 감사한 일이 아닐 수 없다. 이제 앞으로는 인도 영혼을 사랑하는 열병만 앓기를 바랄 뿐이다.

우리 선교의 역사는 바로 지원군들의 역사라고 해도 과언이 아니다. 우리를 만들어서 쓰실 주님의 놀라운 계획이 있었기 때문에 믿음의 역사들이 끊임없이 일어났다. 필요가 있을 때마다, 기도하고 깨어있고 믿음 있는 자들을 사용하셔서 우리가 계속 선교할 수 있도록 하셨다. 우리는 자신의 위치가 뿌리는 자임을 명심해야 한다. 오직 믿음으로 씨를 뿌리다 보면 반드시 열매를 맺는다.

Part.IV
아름다운 동역자

변치 않을 평생의 동역자

반드시 역사하시는 하나님

명희는 대학교에서 만난 친구다. 경북대 C.C.C. 동아리에서 같이 활동하다가 친해졌다. 그녀는 여전히 순박하고 좋은 친구다. 늘 남을 배려하고 자신을 주장하기보다는 남의 의견을 존중하는 친구다.

내가 선교사로 헌신하자, 명희는 가장 먼저 나를 돕기 위해 여러 가지로 노력했다. 그녀는 내가 선교사가 되리라고는 전혀 예상치 못했다. 선교사가 되어 영국과 필리핀에서 많은 고생을 하고 있는 나를 볼 때마다 매우 마음 아파했다.

필리핀 선교사로 있을 때, 일 년에 한 번씩 한국에 나오면 늘 대구에 있는 자기 집에 나를 초대했다. 그때마다 다른 C.C.C. 84학번 동기들도 불렀다. 그 친구들에게 내 간증을 듣게 하고 선교후원에 대한 동기부여를 하려고 무척 노력했다. 개인적으로 말없이 우리를 많이 도왔다.

이런 명희는 결혼 후 오랫동안 아기가 없었다. 시험관 아기를 시도했지만 몇 번이나 실패했다. 한국에 있을 때, 한 번은 명희한테서 전화가 왔다.

"성자야, 나 너무 힘들어..."

몇 년을 안 친구지만, 힘들다는 말은 그때 처음 들었다.

"나 지금 병원이야. 시험관 아기 또 실패했어. 이젠 남편 볼 면목도, 시어머니 볼 면목도 없어."

그녀는 울면서 말했다. 내 가슴이 찢어지는 듯했다.

"그래, 얼마나 힘들겠냐? 그래도 힘내야 해. 주님이 반드시 역사하실 거야. 내가 오늘부터 본격적으로 네 임신을 위해 기도할게. 울지 마."

그날 난 주님께 폭탄선언을 했다.

"주님! 명희한테 아기 안 주시면 앞으로 저 선교 안 해요. 제가 힘들 때 명희가 얼마나 큰 힘이 됐는지 다 보셨잖아요. 다 아시잖아요. 내 친구 명희가 너무 힘들대요. 그러면 저도 힘들어요. 가장 친한 친군데 축복해 주세요."

간절한 기도

　그동안 내가 선교지에서 힘들 때마다 보여 준 명희의 사랑을 생각하면 가슴 뭉클할 때가 많았다. 그것을 기억하셔서 명희를 축복해 달라고 간절히 기도했다. 아버지가 기억하시면 큰 역사가 일어나기 때문이다.

　한나의 기도를 기억하셔서 그녀의 태를 열어 사무엘을 주신 살아 계신 하나님. 이제 명희의 기도도 기억해 달라는 기도를 간절히 드렸다.

　"한나가 마음이 괴로워서 여호와께 기도하고 통곡하며 서원하여 이르되 만군의 여호와여 만일 주의 여종의 고통을 돌보시고 나를 기억하사 주의 여종을 잊지 아니하시고 주의 여종에게 아들을 주시면 내가 그의 평생에 그를 여호와께 드리고 삭도를 그의 머리에 대지 아니하겠나이다"(삼상 1:10-11)

　몇 개월 후 드디어 명희는 임신했다. 놀랍게도 시험관 아기가 아닌 자연임신이었다. 하나님의 일하심은 이렇게 멋지시다. 명희가 아기를 낳은 날, 대구에서 전화가 왔다.

　"성자야, 나 지금 너한테 처음 전화하는 거다. 와! 많이 힘들더라. 니 생각이 제일 먼저 나서 이렇게 전화한다."

　나는 눈물이 앞을 가려 아무 말도 하지 못하다가 겨우 한 마디 했다.

"수고했다. 명희야. 하나님! 감사합니다."

명희는 결혼한 지 칠 년 만에 예쁜 여자 아이를 낳았다. 이름을 다은이라고 지었다. 다 하나님의 은혜라는 뜻이다.

낙심과 좌절의 순간에

그 후, 우리 가족은 인도 선교사로 갔다. 인도에 도착한 지 몇 주만에, 정착금을 환전하다가 사기를 당했다. 그 돈은 우리 전 재산이나 마찬가지였다. 앞이 캄캄했고 크게 낙심이 되어 힘든 며칠을 보냈다. 어디다 도움을 요청할 데도 없었다.

그때 명희가 생각나 기도부탁도 할 겸 전화를 했다. 며칠 후 명희는 3백만 원을 보내왔다. 그 돈으로 인도 정착을 할 수 있었다. 그 돈이 아니었으면, 아마 우리 가족은 다시 한국으로 철수했을지도 모른다.

하나님은 우리 가족이 인도에 안전하게 정착할 수 있도록 명희를 사용하셨다. 명희가 보낸 이 3백만 원은, 우리 가정이 가장 위기에 처했을 때, 하나님께서 우리 가족을 인도 선교사로 부르셨다는 확신을 주는 위대한 물질이었다.

가장 오래 된 나의 동역자 명희. 그녀를 끝까지 나의 평생 선교 동역자로 기름 부으셔서 쓰실 줄 믿는다. 그 외에도 경북대 C.C.C. 84 학번 동기인 이현숙도 오래 된 나의 귀한 동역자다.

필요할 때마다 동역자를 붙이셔서 사명을 감당하게 하시는 우리 주님. 보내는 자나 나간 자나 하늘 상급은 같을 것이다.

chapter 2

주님이 맺어주신 천생연분

사람 세우는 사역

2006년 10월, 안양 신일교회 윤광중 목사 내외와 성도들이 인도를 방문했다.

윤 목사는 인도 사역을 쭉 둘러보더니 아주 흡족해 했다. 특히 영적 지도자들을 훈련하는 사역을 보더니 많이 감동했다. 여기저기 많은 선교지를 방문했던 윤 목사는 선교지에서 건물을 세우는 사역보다 사람을 세우는 사역이 최고라고 거듭 강조했다.

그때 윤 목사는 이렇게 말했다.

"죄송한 말씀입니다만, 나는 인도 선교는 비전이 없다고 생각했습니다. 그런데 첸나이에 와 보니 내 생각이 틀렸다는 것을 알았습니다. 인도가 이렇게 뜨겁게 준비되고 있는 것을 보니 너무 기쁩니다.”

윤 목사는 우리 첸나이 사역지를 방문한 후, 감사하게도 인도 선교에 대한 자신의 부정적인 생각을 바꾸었다. 그 다음부터 우리 부부를 전적으로 신뢰하며 여러모로 돕기 시작했다.

가장 감사한 것은, 나를 인정해주는 것이었다. 보통 여자 선교사는 귀하게 여기지 않고, 남자 선교사보다 못하게 여기는 분들이 있다. 그런데 윤 목사는 인도에 올 때마다 물심양면으로 나를 무척 격려해 주었다. 그게 아무것도 아닌 것 같아도 알게 모르게 큰 힘을 발휘했다.

윤 목사가 나를 인정해 줄 때마다 인도 선교에 대한 열정이 더 강하게 불타올랐고, 더 열심히 선교해야겠다는 다짐을 하게 됐다. 사람은 인정받을 때 시너지 효과가 생겨 더 좋은 결과를 낼 수 있다. 비난보다는 인정해 주는 자세가 우리 모두에게 필요하다.

교단을 초월한 ‘열린 선교’

윤 목사는 내가 사모대학 사역에 대한 비전을 나누었을 때도 흔쾌히 후원을 약속해 주었다. 그에게서 안 된다는 부정적인 말은 들어본 적이 없다. 무슨 말이든 경청하려는 겸손한 태도에 놀랄 때가 한두 번이 아니었다. 또한 늘 베푸는 자세에 놀랐다. 윤 목사 내외는 올 때마다 사비를 털어 선교사와 현지인들을 돕고 격려했다. 그런 모습을 보며 그에게 진정한 선교 마인드가 있음을 알았다. 그에게서 진정한 리더십을 배울 수 있었다. 이렇게 열린 마음으로 교단을 초월해 선교사를 격려해 주고 인정해 주는 분을 만나는 것이 쉽지 않다.

한번은 윤 목사와 함께 수요 집회를 하러 간 적이 있었다. 날라담비 목사 교회 특별집회를 인도하러 갔다. 도착해 보니, 100명 정도 모인다던 교회에 교인이 열댓 명밖에 없었다.

너무 당황스러웠다. 다 어디에 갔느냐고 했더니 일하러 갔다가 아직 집에 안 왔다고 했다. 주강사인 윤 목사에게 죄송해 얼굴을 들 수 없었다. 집회하기에는 적어도 너무 적은 인원이었다.

당황스런 목소리로 내가 말했다,

"목사님, 죄송해요. 교인들이 너무 적게 왔죠?"

그런데 목사님의 대답이 의외였다.

"괜찮습니다. 한 명이면 어떻습니까. 인도에서는 일당백입니다."

실망할 줄로 알았는데 그게 아니었다. 윤 목사는 참 다른 분이었다. 이 한마디에 큰 감동을 받았다. 그날 윤 목사는 마치 앞에 몇십 명이 아닌, 몇백 명이 앉아 있는 것처럼 뜨겁게 집회를 인도했다. 역시 평범하지 않은 분이라는 것을 알 수 있었다.

또 한 번은 윤 목사와 함께 스티븐 폴 목사 교회 저녁집회에 가는 길이었다. 인도 교통체증은 세계적으로 유명하다. 그날은 하필이면 저녁 퇴근 시간에 맞물려, 집회에 한 시간 반이나 늦는 최악의 사태가 벌어지고 말았다. 안절부절 못하며 죄송하다고 말했더니, 윤 목사는 이렇게 말했다.

"괜찮습니다. 여기는 인도니까요. 우리가 안 가면 집회를 시작할 수 없잖습니까? 기다리겠지요. 걱정 마세요."

그의 말에는 항상 선교사의 입장을 먼저 고려하는 것이 느껴진다. 선교지에서는 얼마든지 변수가 있을 수 있다는 넉넉한 마음이 현지에서 일하는 선교사를 편하게 한다.

삶 전체를 드리는 선교

매번 위기 상황이 있을 때마다 다르게 대처하는 윤 목사에게서 참 많은 것을 배운다. 그는 종종 자신이 선교사를 해야 하는데 못하고 있으니, 선교하는 사람을 사랑해주고 지원해 주는 것이 마땅하다고 말한다.

그리고 선교사들이 선교 잘 하도록 돕는 역할을 하는 것이 선교지에 온 선교 팀의 역할이라며 최대한 선교사를 인정해 주고 격려한다. 선교사들을 보면, 다 나 대신 고생하는 것 같다는 말을 자주 한다.

윤 목사 사모인 이재숙 사모도 참 감사한 분이다. 언니처럼 따뜻하고 좋은 분이다. 내가 필요를 나눌 때마다 개인적으로도 알게 모르게 후원한다. 이 사모는 두 개 인도사모대학 이사장이다. 자신과 같은 현지 사모들을 사랑하고 귀하게 여긴다. 이 사모처럼 선하고 좋은 사모도 드물 것이다.

윤 목사는 인도는 재미없지만 선교사가 좋아서 인도에 자꾸 온다고 말하며, 선교사를 위로해 줄 줄 아는 아름다운 마음이 있는 분이다. 그러면서 선교 외에는 별로 재미도 없는 인도를 세 번이나 방문했다. 도마 성지를 세 번이나 갔어도, 늘 처음 가는 것처럼 즐겁게 가는 모습을 보면 저절로 존경스러워진다.

교인들을 참 사랑하는 분이라는 것을 매번 느낀다. 대화 속에서 자신을 낮추는 태도가 늘 나를 감동시킨다. 윤 목사는 마음을 감동시키는 선교를 하라고 종종 말한다.

그 후로 나 역시 인도 영혼의 마음을 터치하는 선교를 하려고 무척 애를 쓴다. 선교지에 몸만 와 있다고 다 선교사가 아니라는 것이다. "몸과 마음을 동시에 쏟아 부어 삶 전체를 드려야만 진정한 선교사가 된다"는 귀한 교훈의 말이다.

선교사와 후원자

부부도 천생연분이 있듯이 선교사와 후원자도 천생연분이 있는 것 같다. 윤 목사와 안양 신일교회 선교 팀이 인도 선교지에 올 때마다 피곤하고 지쳤던 영과 육이 놀랍게 치유되고 회복되는 것을 느낀다. 그만큼 선교사를 편안하게 해 주고, 이분들이 선교지에 머무는 동안 웃음과 감동이 끊이질 않는다.

이 팀이 선교지를 다녀가면 6개월간 힘이 펄펄 난다. 선교사에게 영적 엔돌핀을 마구 퍼부어 주고 가기 때문이다. 선교지에 있는 선교사에게 진정으로 필요한 것은 선교사를 인정해 주고 편안하게 해 주고 격려해 주는 것이다.

이런 팀들이 선교지에 자주 왔으면 좋겠다. 윤 목사는 내게 가장 편한 분이고, 또한 내가 가장 존경하는 목회자다. 윤 목사 내외분은 인도 선교를 위해 주님이 맺어주신 최고의 천생연분 동역자다.

chapter 3

성령은 최고의 동역자

자라는 것은 내게 맡겨라

어느 해 3월, 띠루물라이바얄 목회대학원 수업을 마치고 집으로 돌아오는 길이었다. 날씨는 덥고 몸은 피곤하고 열심히 가르친다고 가르쳤지만, 학생들 반응은 썰렁하고... 기분이 푹 가라앉아 있었다.

'이렇게 해서 정말 새 영적 지도자들로 변화시킬 수 있을까? 괜한 힘 낭비에 돈 낭비까지 하는 건 아닐까?'

별의별 부정적인 생각이 다 들었다. 게다가 배까지 몹시 고팠다. 차 안에서 지그시 눈을 감고 의자에 푹 쓰러져 '주님' 만 불렀다. 그때 주님의 음성이 들렸다.

"사랑하는 딸아. 힘내라. 너와 나는 동역자란다. 잊지 마라. 너는 씨를 뿌리는 자요 나는 자라게 하는 자란다. 네가 열심히 뿌려야만 내가 자라게 할 수 있단다.

그러니 자라는 것은 내게 맡기고 열심히 뿌리기만 하면 된다. 아무것도 염려하지 마라. 가서 맛있게 점심 먹어라."

그때 고린도전서 3장 6절에서 9절 말씀이 떠올랐다.

"나는 심었고 아볼로는 물을 주었으되 오직 하나님께서 자라나게 하셨나니 그런즉 심는 이나 물주는 이는 아무것도 아니로되 오직 자라게 하시는 이는 하나님뿐이니라 심는 이와 물 주는 이는 한가지이나 각각 자기가 일한 대로 자기의 상을 받으리라 우리는 하나님의 동역자들이요 너희는 하나님의 밭이요 하나님의 집이니라"

어디든 동행하시는 주님

너무 정확하고 적절한 위로의 말씀에 금방 기분이 좋아졌다.

'그래. 내가 이걸 잊고 있었구나. 나 혼자 하는 사역이 아니라 주님과 함께 하는 사역이라는 것을. 나는 내 일만 열심히 하면 되는 것이고 나머지 일은 주님이 하시는 것이지.'

너무 기뻤다. 나 혼자가 아니라는 사실이 너무 기뻤다. 주님이 나와 어디든지 동행하시며, 무슨 일을 하든지 나와 함께 일하시는 동역자라는 사실이, 나를 다시 힘나게 했다. 그날처럼 인도에서 맛있게 점심을 먹은 적이 없었다.

"너는 가서 기쁨으로 네 음식물을 먹고 즐거운 마음으로 네 포도
주를 마실지어다 이는 하나님이 네가 하는 일들을 벌써 기쁘게 받으
셨음이니라"(전 9:7)

"느헤미야가 또 그들에게 이르기를 너희는 가서 살진 것을 먹고
단 것을 마시되 준비하지 못한 자에게는 나누어 주라 이날은 우리 주
의 성일이니 근심하지 말라 여호와로 인하여 기뻐하는 것이 너희의
힘이니라 하고" (느 8:10)

그 다음부터 아무것도 염려하지 않고 오직 가르치는 일에만 전념
했다. 자라게 하시는 분은 하나님이시기 때문이다. 사역한 다음에는
그 결과를 걱정하고 계산할 필요가 없음을 확실히 알게 됐다. 사역자
가 결과를 미리 계산하고 걱정하는 것은, 사탄이 영적 지도자들을 불
안하게 만들고 포기시키려는 나쁜 전략임을 알았다.

많은 분들이 여러 영역에서 열심히 뭔가를 뿌리고 있지만, 열매가
금방 나타나지 않으면 실망하고 절망한다. 그때 우리는 자신의 위치
가 뿌리는 자임을 명심해야 한다. 오직 믿음으로 씨를 뿌리다 보면
반드시 열매 맺는 날이 오게 마련이다. 주님은 보상하시는 분이다.
되로 받고 말로 주시는 분이다.

“형제들아 너희는 선을 행하다가 낙심하지 말라” (살후 3:13)

chapter 4

환율 선교사

2008년 3월, 인도 델리에서 기아대책 정정섭 회장을 처음 만났다. 남편은 기아대책 선교사 훈련을 받고 인도에 왔고, 나는 훈련을 받지 않고 왔다. 인도에서 기아대책과 어린이 개발 사역(CDP-Child Development Program)을 협력하며 긴밀한 관계를 유지하고 있었다. 이랜드가 이 사역을 주로 후원하고 있다.

기아대책 정 회장에 대한 이야기는 많이 들었지만, 그 전까지 만난 적은 없었다. 마침 델리에서 기아대책 선교사 전략회의가 있어서 참석했다가 그곳에서 정 회장을 만났다.

꾸빰지역 CDP아동대상 급식사역을 하는 선교사 부부

난 어디에서든 이 시대에 주님이 쓰시는 리더들을 만나고 싶은 열망이 있다. 그런 분들에게서 많은 것을 배우고 싶기 때문이다. 정 회장도 만나고 싶었던 사람들 중의 한 분이었다.

어떤 비전을 가지고 어떻게 일하는지 궁금했다. 그래서 틈나는 대로 정 회장과 많은 이야기를 나누었다. 그분은 기아대책에 대한 역사를 설명해주었고, 앞으로의 비전에 대해서도 말해주었다.

1박 2일 동안의 전략회의 틈틈이 그와 많은 이야기를 나눌 수 있었다. 이야기 끝에 내가 기아대책 선교사훈련을 받지 않은 것을 알고 한 가지 제안을 했다. 2008년 11월, 필리핀에서 최초로 기아봉사단 해외 훈련이 있으니 그곳에 참석하라고 했다.

'한국도 아니고 필리핀에?' 좀 먼 거리라 금방 결정할 수 있는 일은 아니었지만, 나도 모르게 내 입에서는 이런 말이 나와 버렸다.

"알겠습니다. 회장님! 제가 필리핀 갈 테니 회장님도 올 10월 제1기 인도목회대학원 졸업식 때 첸나이에 오세요."

그리고 기도에 들어갔다. 기도하다 보니 정 회장이 나를 필리핀에 오라고 한 것이 주님의 뜻이라는 생각이 들었다.

우리 가족이 몇 년간 소원을 품고 기도한 것이 하나 있었다. 그것은 10년 전에 떠나 온 첫 선교지인 필리핀에 다시 가보는 것이었다. 특히 우리 딸 예원이는 자기 고향과도 같은 필리핀을 대학 들어가기 전에 꼭 가 보고 싶어 했다.

그런데 필리핀에서 최초로 해외 기아봉사단 훈련코스가 생긴 것이다. 하나님이 주신 절호의 기회라고 여겨졌다. 하지만 경비가 문제였다. 세 식구가 가려면 적잖은 물질이 들 것 같아 좀 걱정되었다.

믿음으로 행동해야 후회가 없다

2008년 11월 17일부터 필리핀에서 해외 기아봉사단 훈련이 있다는 연락이 왔다. 기아대책 본부에서 남편은 강사로 오고, 나는 훈련받으러 오라는 연락이 왔다. 믿음으로 가겠다고 대답했다.

그런데 갑자기 문제가 생겼다. 세계적으로 경제불황이 오면서, 환율이 뛰기 시작했다. 필리핀 가는 계획에 차질이 생기게 됐다. 당시 환율 상황으로는 도저히 갈 수 없었다. 기도하면 가도 될 것 같고, 상황을 보면 갈 수 없을 것 같아 결단을 내릴 수 없었다. 며칠 고민 끝에 필리핀 훈련을 포기하기로 했다.

기아대책 본부에서도 갑자기 환율이 오르자, 필리핀 기아봉사단 훈련 지원자들이 줄어들까봐 걱정하고 있었다. 그러던 차에, 한두 사람씩 못 간다고 통보를 하니 상황은 점점 더 나빠졌다. 하지만 모두들 충분히 이해가 되는 상황이라, 달리 다른 방법 없이 기도에만 전념하고 있었다.

그 와중에 제1기 인도목회대학원 졸업식이 10월에 있었다. 정 회장이 시간을 내어 첸나이에 왔다. 정 회장과 함께 온 간사가 내게 말했다.

"선교사님, 회장님께서 바쁘신데도 첸나이에 가야 한다고 하셨어요. 무릎이 많이 아프셔서, 우리가 첸나이 가는 것을 고려해 보시라고 했는데도 꼭 가야 한다고 하셨답니다."

옆에 있던 정 회장이 웃으며 말했다.

"내가 안 오면 최 선교사가 삐질 거 아냐? 최 선교사 삐지면 곤란해. 약속했으니 당연히 와야지."

그러다 갑자기, "필리핀 훈련은 가기로 했어?" 하고 물었다.

"회장님! 지금 환율이 장난이 아닌데 어떻게 가요."

난 당연한 듯 말했다. 그러자 갑자기 정 회장이,

"그러면 이제부터 최성자 선교사는 환율 선교사야."

"예?"

"아니 그렇잖아. 선교사가 믿음으로 행동하지 않고 환율 따라 행동하니까 그게 환율 선교사지. 난 최 선교사가 믿음으로 행동하는 신실한 선교사인 줄 알았는데 실망이야."

갑자기 뒤통수를 맞은 듯했다.

내가 환율 선교사라고?

그러고 보니 맞는 말이었다. 문득 필리핀 선교사로 있을 때가 생각났다. 1997년 한국에 IMF가 와서 환율이 크게 오른 적이 있었다. 하필이면 여동생의 결혼식이 그때 있었다. 동생이 나보고 한국에 왔다 가라고 국제 전화를 몇 번이나 했었다.

그런데 나는 환율 때문에 걱정하고 계산하다가, 결국 여동생 결혼식에 가지 못했다. 불행하게도 동생은 결혼한 지 2년 만에, 급성 백혈병으로 죽었다. 한 살짜리 아들 하나를 남겨 놓고...

그때 여동생 결혼식에 가지 않았던 것이 너무 후회스러웠다. 죽은 동생을 붙들고, "이 언니가 미안해! 나를 용서해 줘..." 하며 얼마나 서럽게 울었는지 모른다.

그때 나는 돈이 없었던 것이 아니라, 믿음이 없었다. 정 회장이 환율 선교사라는 말을 하자, 갑자기 죽은 여동생이 떠오르며 이번에는 정말 믿음으로 행동해야겠다는 생각이 들었다. 다시는 환율로 인해 후회하는 일을 만들지 말아야 했다. 다음날 당장 여행사에 연락했다. 그리고 믿음으로 필리핀에 갔다.

그렇게 해서 2008년 11월 우리 가족은 필리핀에 갔고, 난 기아봉 사단 훈련을 잘 마쳤다. 모든 경비도 하나님께서 놀라운 방법으로 채 워주셨다. 훈련 막바지쯤, 정 회장 내외분이 필리핀에 왔다. 나를 보 더니 아주 기뻐했다.

"환율 선교사라는 별명 들을까봐 무서워서 왔구만..."

정 회장이 따뜻한 미소를 지으며 말했다. 정 회장을 통해 하나님 은 나의 믿음을 크게 업그레이드 시키셨다.

chapter 5

필리핀 VIP

노 목사 부부

필리핀 선교사로 있을 때 노화진 목사는 나의 VIP(very inspiring person)였다. VIP라는 말은 짐 번즈가 그의 책, 『좋은 부모가 되려면』에서 쓴 말을 인용한 것이다.

그에 의하면, 매우 용기를 주는 사람을 VIP로 표현하였다. 내가 어려울 때, 항상 나를 격려해 주고 힘을 주고 좋은 선교사가 될 것이라고 믿어 주는 사람이다.

노 목사와 나는 어느 해, 필리핀 선교사협의회 사모분과 주최로 열린 세부(Cebu) 세미나에 참석했다가 만났다. 우리는 많은 이야기를 나누면서 금방 친해졌다. 노 목사는 카리스마도 있어 보였지만 따뜻한 정이 느껴지는 분이었다.

세부에 갔다 온 후, 우리는 자연스럽게 서로의 집까지 왕래하는 사이가 되었다. 노 목사는 내 깔끔한 외모를 보고 어디 큰 교회에서 후원을 많이 받는 줄 알았다고 했다. 나중에 내 어려운 형편과 사정을 알고는 여러모로 도와주려고 노력했다.

노 목사 남편인 이태길 선교사는 평신도다. 재미있고 마음이 따뜻한 분이다. 두 분 사이에 아이가 없어 그런지 아이를 무척이나 좋아했다. 우리 딸 예원이를 무척 예뻐했고, 이것저것 선물도 많이 사 주었다. 다른 아이들이 그렇듯이 예원이도 피자를 좋아했다. 그러나 우리 형편으로는 피자를 자주 사줄 수 없었다. 이럴 때마다 노목사 부부가 우리를 데리고 피자집에 가서 피자를 실컷 먹게 해 주었다.

나는 가끔 지치고 힘들 때면 노 목사에게 하소연을 했다.

"목사님! 선교사의 삶이 너무 힘들어요. 저희는 왜 이렇게 후원이 없는 걸까요? 물질이 부족해도 턱없이 부족하니 정말 걱정이에요. 제 인생은 이렇게 물질에 허덕이다 끝나는 것일까요. 좀 두려워요."

내게 언니처럼 생각되는 노 목사이기에 가끔 마음속의 생각들을 솔직하게 나누었다. 그럴 때마다 노 목사는 정색을 하며 나에게 말했다.

"사모님! 그게 무슨 소리야. 사모님은 지금 미래를 잘 준비하고 있잖아. 신대원에서 공부도 열심히 하고 사역도 잘 하고 애도 잘 키우고... 내가 보기엔 장점이 많은 사람이야. 하나님은 살아계셔. 사모님은 나중에 정말 훌륭한 선교사가 될 거야. 내 말을 믿고 힘내.”

그 말에 힘을 얻어 다시 열심히 사역하곤 했다.

희망과 용기를 주는 VIP

나중에 신대원 논문을 다 썼는데 출판할 돈이 부족했다. 기도하며 하나님의 도우심을 구하고 있던 어느 날 저녁 늦게 노 목사 부부가 우리 집에 왔다.

특히 노 목사는 커피를 좋아했다. 밤 12시가 다 되어 가는데 커피 한 잔을 진하게 더 달라고 했다. 그리고 딱 12시가 되면 집에 갈 거라고 했다. 커피를 다시 대접하다가 우연히 신학대학원 졸업에 대한 이야기와 논문 값에 대한 이야기를 하게 되었다. 말없이 듣던 노 목사가 다음날 논문 값을 가져왔다.

“사모님! 내가 사모님한테 투자하는 거야. 나중에 잘 되면 갚아.”

필리핀 선교사로 있다가 1999년부터 우리 가족은 다시 한국에서 살았다. 한국에 들어와 박사 코스를 다시 공부했다. 늘 학비가 부족했다. 시어머니가 두 번 학비를 도와주어서 더 이상 손 벌릴 수도 없었다.

그때 한국에 들어왔다가 우리 집에 잠시 들른 노 목사는 우리의 딱한 사정을 알고 돈을 잠시 빌려주었다. 덕분에 나는 박사과정을 잘 끝냈고 빌린 돈도 갚았다. 이렇게 석사시절과 박사시절 두 번씩이나 노 목사의 도움을 받아 공부를 마쳤다.

2008년 말, 우리 가족이 다시 필리핀을 방문하게 되었을 때 우리는 노 목사 집에서 기거했다. 아름다운 인연이 이렇게 계속되어 오고 있다. 어떻게 이분들의 사랑을 갚을 수 있을지.

지금도 가끔 인도에서 이분들을 생각한다. 그때 그 시절, 나를 어찌 그리 믿어주었는지 알 길이 없다. 내 자신도 나를 못 믿던 시절이 었는데. 하나님께서 붙여 주신 귀한 인연이라는 생각이 들어 생각날 때마다 기도한다. 필리핀에서 건강하게 사역 잘 하도록. 그리고 나도 이젠 노 목사처럼 누군가에게 희망과 용기를 주는 VIP가 되려고 노력한다.

chapter 6

작은 손 선교회

선교하는 자가 복 받는다

필리핀에 있을 때, 우리 사역지를 방문하는 선교 팀이 거의 없었다. 자연히 소위 말하는 공항사역(선교사에게 손님이 많이 와 공항에 자주 가는 것을 두고 하는 말)도 거의 없었다. 다른 선교사들은 해마다 오는 선교 팀들로 바빠 보였지만, 우리는 그런 일로 전혀 바쁘지 않았다.

그러던 어느 날, 전혀 알지 못하는 장 장로라는 분으로부터 연락이 왔다. 장 장로는 장충교회에 다니는 분이었고 우리와는 한 번도 만난 적이 없었다. 장 장로는 당시 주일학교 부장이었고 선교에 관심이 많았다. 그는 주일학교 어린이들에게 어릴 때부터 선교에 대한 마인드를 심어주려고 선교지 현장 방문을 계획하고 있었다. 그러다가 우연히 어느 선교 잡지에 실린 우리 필리핀 연락처를 보고 연락을 해온 것이다.

장 장로의 아이디어로 장충교회 주일학교 아이들과 〈작은 손 선교회〉를 만들어 우리를 후원하기 시작했다. 장 장로는 고사리 같은 손으로 선교 헌금을 하는 아이들의 예쁜 손을 보고 선교회 이름을 지었다.

파송교회가 없던 우리에게 〈작은 손 선교회〉가 보내오는 선교 헌금은 너무 귀하고 소중했다. 먼저 필리핀 엑소더스(Exodus) 교회 주일학교 어린이들이 서로 펜팔을 하기로 했다. 1년 정도 펜팔을 주고받다가 장충교회 주일학교 어린이들이 필리핀 사역지를 방문하게 되었다. 장충교회 주일학교 교사들과 어린이들 수십 명이 필리핀에 왔다. 그 동안 못 받은 선교 팀을 한꺼번에 받은 셈이었다.

필리핀 엑소더스 주일학교 아이들이 펜팔로만 알았던 한국 친구들을 보더니 너무 좋아하며 큰 용기를 얻었다. 한국 친구들도 필리핀 어린이들의 어렵고 힘든 삶에 적지 않은 도전을 받았다. 더 이상 불평불만하지 않는 착한 아이가 되겠다고 간증하는 친구들까지 나왔다.

이렇게 장 장로와 우리와의 인연이 시작되었다. 장 장로는 산돌(Living Stone)회사를 운영하고 있었다. 이 회사는 인체에 무해한 페인트를 파는 회사다. 장 장로가 독일에 갔다가 그곳 선교사를 통해

이 천연 페인트를 소개 받아 아시아 판권을 따내 기업이 점점 커져가고 있었다.

그 당시 한국은 아토피 피부문제와 환경문제가 한창 이슈였다. 이런 원인 중의 하나가 새 집 페인트 때문이라고 했다. 따라서 인체에 무해한 자연 페인트에 사람들의 관심이 쏠려 사업이 날로 번창하고 있었다. 선교하는 자가 복 받는다는 것을 나는 그때 눈으로 직접 보게 되었다.

아름다운 인연

한 번은 우리 가족이 한국을 방문하게 되었다. 장 장로는 우리 가족을 잘 대해 주었고 잘 대접하려고 노력했다. 한국에 들어오면 딱히 갈 곳이 없던 우리 가족은 공항 근처 싸구려 여관에서 하룻밤을 자고 그 다음날, 장 장로를 만나게 되었다.

장 장로는 우리 가족이 모기에 물려 온몸에 붉은 상처가 있는 것을 보고 놀랐다. 특히 어린 딸 예원이가 모기에 물려 아파하는 것을 보자, 몹시 마음 아파하며 말했다.

"선교사님! 제게 꿈이 하나 있습니다. 지금 우리가 살고 있는 이 집을 나중에 선교관으로 쓰고 싶습니다. 선교사님 가족을 오늘 보니 그 마음이 더욱 굳혀집니다. 조금만 참으세요. 그리고 기도해 주세요."

말만 들어도 너무 감사했다. 몇 년이 지나자, 하나님은 장 장로의 사업을 더욱 축복하셔서 드디어 따로 집을 얻어 나가고, 그 빌딩에 주택으로 쓰던 한 층 전체를 선교관으로 사용했다.

지금까지 이 선교관에 무수히 많은 선교사들이 다녀갔다. 장 장로는 여러 선교적인 일에 앞장서며 비즈니스 선교사로서의 삶을 멋지게 살고 있다. 네 명의 자녀 모두 목회와 선교에 헌신하고 있다.

장 장로는 7년 동안 장충교회 리모델링 건축을 담당했다. 장충교회는 세계 최초 천연소재와 천연 페인트로 지은 '에코 처치(Eco Church)' 다. 신문에도 이런 내용의 기사가 보도된 적이 있다.

하나님이 맺어주신 인연은 이렇게 세월이 갈수록 더 아름답고 풍성해짐을 느낀다. 각자 부르신 곳에서 하나님이 주시는 강성함을 매년 보게 된다. 장 장로는 사업가로서 비즈니스 선교사로서 큰 기름 부으심이 임하고, 우리는 선교사로서 하나님께 쓰임 받는 지경이 놀랍게 확장되고 있다.

장 장로의 아내인 이순자 권사도 기도 대장이요 따뜻한 사랑을 가진 좋은 분이다. 늘 변함없는 사랑으로 우리를 위해 중보기도 해 준다. 앞으로도 서로가 영육 간에 더 잘 되는 축복이 계속될 줄로 믿는다.

chapter 7

뒤돌아 서지 않겠네

23년 간 짧지 않은 선교사 생활을 하면서 15년을 파송교회 없이 선교했다. 우리처럼 파송교회가 두 번이나 없어진 경우는 아마 드물 것이다. 더 혹독하게 훈련시켜 크게 쓰시려는 주님의 뜻이었다고 믿는다. 그래서 우리는 고난으로 만들어진 선교사라고 감히 말하곤 한다.

선교지에서 어려움이 닥칠 때마다 주님은 늘 지원군을 준비해 두셨다. 죽을 것 같은 느낌이 들 때, 이제 모든 것을 포기하고 싶다는 마음이 들 때, 끝이라는 생각이 들 때, 고통 중에 울며 몸부림칠 때, 전혀 생각지도 않은 지원군들이 사방팔방에서 일어나 살 길이 열리곤 했다. 우리 선교의 역사는 바로 이들 지원군들의 역사라고 해도 과언이 아니다.

영국에서, 필리핀에서, 한국에서, 그리고 인도에서 늘 어려움이 있었다. 하지만 우리를 만들어서 쓰실 주님의 놀라운 계획이 있었기 때문에 믿음의 역사들이 끊임없이 일어났다. 필요가 있을 때마다, 기도하고 깨어있고 믿음 있는 자들을 사용하셔서 우리가 계속 선교할 수 있도록 하셨다.

은혜로운 동역자

우리의 그런 많은 지원군들 가운데 한 분을 소개하고자 한다.

어느 해, 모 교회 팀이 인도 선교지를 방문했다. 여러 명이 왔는데, 유독 P 집사만 4박 5일 일정 동안 별 말이 없었다.

5일째 되는 마지막 날이었다. 선교지를 가다가 남편 운동화 신발 밑창이 뚝 떨어져 나갔다. 200명이 넘는 가난한 인도 목회자들을 섬기다 보니 미처 자신의 신발은 다 떨어져도 사 신을 여력이 없었다.

그것을 본 P 집사가 "선교사님! 신발 밑창이 떨어졌어요…너무 불쌍해요…" 하는 것이었다. 이 말이 P 집사가 우리에게 처음 한 말이었다.

P 집사는 남몰래 100불을 주며 신발을 사 신으라고 했다. 그때 그녀의 남다른 따뜻한 마음이 고스란히 전해져 왔다. 첸나이 공항으로 출발하기 몇 시간 전, 한 사람씩 5일간의 선교지 방문에 대한 느낌을 나누었다. P 집사 차례가 되었다. 모두들 그녀를 주시했다. 선교지로

는 인도가 처음이라는 P 집사가 입을 열었다.

"사실, 저는 인도에 안 오려고 했어요. 목사님께서 가자고 해서 와 봤는데 정말 좋았습니다. 날마다 숙소에서 살아계신 주님이 느껴졌습니다. 혼자 울면서 기도하다가, 또 울다가, 기도하다가… 매일 그랬습니다. 새벽마다 일찍 일어나 인도 거리를 내려다보는데 그렇게 눈물이 날 수가 없었습니다. 앞으로 열심히 뒤에서 돕겠습니다."

기대하지도 않았던 말들이 P 집사의 입에서 흘러나왔다. 모두들 감동을 받은 눈치였다. 무엇보다도 우리가 놀랐다. 그 동안 말이 없어서 선교지에서 큰 느낌이 없었다고 생각한 P 집사가 가장 큰 은혜를 받았던 것이다.

그 후로 P 집사는 말없이 뒤에서 인도 사역을 동역하기 시작했다. 매일 학교에 가서 많은 인도 목회자들과 사모들을 가르치다 보면, 늘 그들의 필요들을 보게 된다.

워낙 열악하고 가난한 지역에서 목회하는 분들이라, 물질적인 필요가 말도 못하다. 말씀만 가르치고 그들의 필요를 모른 척 할 수는 없었다. 그러니 우리 부부의 주머니에 물질이 남아있는 날이 별로 없었다. 애가 아프다고 하고, 자녀 등록금이 없다고 하고, 끼니가 없다고 하는데 어찌 그냥 돌려보낼 수가 있겠는가!

주님 뜻대로 살기로 했네

수많은 인도 사람들을 영적으로, 물질적으로 섬기려면 한도 끝도 없다. 그들을 함께 섬길, 기도와 물질의 동역자들이 시시때때로 절실히 필요했다.

그런데 P 집사는 기도뿐만 아니라, 필요가 있을 때마다 돕기 시작했다. 오토바이가 필요한 인도 목회자가 있다고 연락을 하면 즉시 협력했고, 어떤 목회자가 교회 전세 값이 없다고 하면 또 말없이 협력했다.

나 혼자 사역하는 것이 아니라, 이렇게 인도 사역에 필요가 있을 때마다, 함께 섬길 분이 있다는 것이 얼마나 큰 힘이 됐는지 모른다.

현지 목회자들과 사모들도 자신들의 필요가 때마다 기적적으로 채워지자, 아주 고마워하며 더 힘을 내 목회를 하게 되었다. 그 모습을 볼 때마다 너무나 기뻤다. 외롭고 척박한 사역지에서 눈물 나도록 감사했다.

하루는 P 집사로부터 전화가 왔다. P 집사는 기도하다가 성령이 감동을 주시면, 즉시 전화를 하곤 했다. 그때마다 우리를 위로하고 격려하며 늘 무슨 필요가 있는지 살폈다. 한 번은 전화로 이런저런 이야기를 나누다가 너무 감사하다고 했더니, 다음과 같은 얘기를 했다.

"선교사님! 제가 인도 갔을 때, 인도 사모들이 한국 찬양을 부른 적이 있었습니다. 그 찬양이 바로 '주님 뜻대로 살기로 했네' 였습니다. 한 번이 아니라 몇 번 듣게 되었습니다. 그래서 왜 저 찬양을 계속 듣게 하시는지 궁금했습니다.

나중에 주님의 뜻을 알게 되었습니다. 마지막 가사 '뒤돌아서지 않겠네'를 듣는데, 큰 감동을 받았습니다. 그때 저는 결단했습니다. 인도 선교를 하다가 절대로 뒤돌아서지 않겠다고. 그 약속 지켜야지요."

주님은 인도 선교의 지원군으로 아주 '진국'을 주셨다. 우리 모두는 서로에게 아름다운 지원군의 사명감을 감당하며 살아야 한다. 앞으로 인도 선교를 위한 수많은 P 집사 닮은 지원군들이 계속 일어나, 12억 인도 영혼을 함께 섬길 수 있기를 간절히 소망한다.

앞으로 인도사역은 인도 해처럼 크고, 열정적이며, 눈이 부시도록 아름다울 것이다.

우리의 사역은 인도를 거점으로 해서, 세계 열방을 향하여 거침없이 나아갈 것이다.

예수 없이 썩어 가는 사람들의 삶을, 어둠에서 빛으로 이끌 것이다.

열방의 빛으로! 사랑의 빛으로!

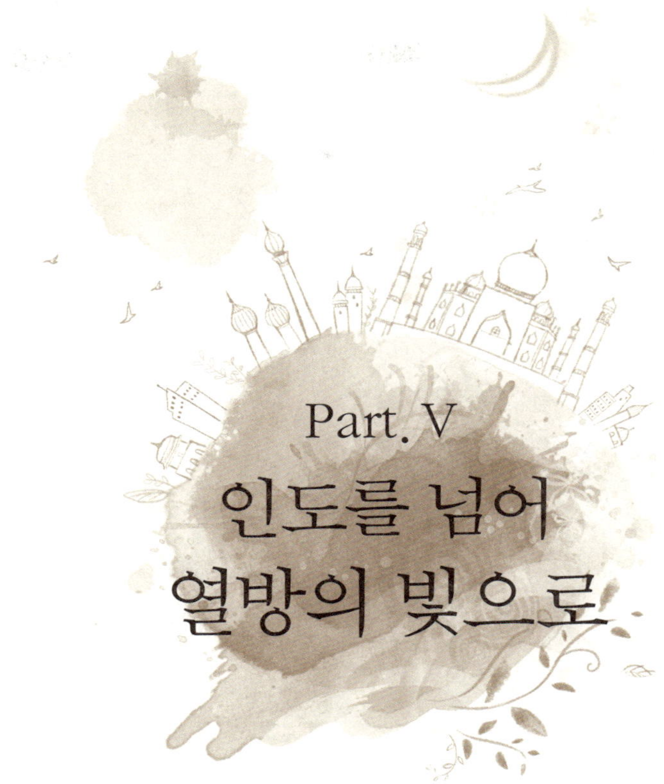

Part. V
인도를 넘어
열방의 빛으로

첫 태생은 하나님 것

믿음의 확실한 증거

친정 엄마가 예수를 믿게 된 것은 '아들선호 사상' 때문이었다. 엄마는 위로 딸 둘을 낳자, 다음에는 꼭 아들을 낳고 싶어 했다.

그러나 이상하게도 아들만 낳으면 죽었다. 지금도 아버지가 죽은 동생을 싸서 어디론가 갔던 그 슬픈 날들의 기억이 되살아난다.

자식을 잃은 고통을 두 번이나 당한 엄마에게, 먼저 믿던 고모가 예수 믿으면 아들을 낳아도 죽지 않고 반드시 살 수 있다며 전도했다. 지푸라기라도 잡고 싶은 심정이었던 엄마는, 그 즉시 교회에 나가기 시작했다. 나는 엄마보다 먼저 교회에 다니고 있었다. 나도 매일 엄마한테 교회 나가라고 말했는데 그 소원이 이루어진 것이다.

엄마가 예수 믿은 다음 해, 정말 아들을 낳았다. 그 아들이 정말 죽지 않고 잘 크자, 예수 믿는 확실한 증거를 체험한 엄마는 목숨 걸고 예수를 믿게 되었다. 교회에서 드리는 예배만으로는 부족해서 하루에 두 번씩 가정예배를 드렸다.

엄마의 기도

우리 가족은 경기도 동탄에 살다가, 내가 초등학교 4학년 때 아버지 직장이 포항으로 옮겨져 그곳으로 이사했다. 포항에 도착해 엄마는 교회부터 찾아 등록했다. 엄마는 내가 중학생이 되자, 아침 가정예배 때 이렇게 말했다.

"성자야! 너는 우리 집 맏딸이고 첫 자식이니 하나님 것이다. 사람이나 짐승의 첫 태생은 모두 하나님 것이라고 성경에 나와 있단다. 너는 사모가 되어야 한다."

청천벽력 같은 말이었다.

"엄마! 무슨 말이야? 내가 왜 사모가 돼? 난 싫어."

나는 강하게 반발했다.

하지만 엄마는 내 말을 신경 쓰지도 않았다. 가정예배를 드릴 때, 엄마가 기도를 시작하면 삼십 분 이상 매일 똑같은 기도를 했다. 네 자녀 이름을 하나씩 불러가며 기도했고 내 기도는 항상 먼저였다. 나를 위해 기도할 때, '사모가 되게 해 달라' 는 기도는 한 번도 빼먹지 않았다.

나는 '사모가 되게 해 달라' 는 엄마의 기도소리가 너무 듣기 싫었다. 어린 나이였지만 사모의 길은 너무 험난하고 매일 돈 걱정하며 살아야 하는 초라한 가난뱅이의 삶 같아 정말이지 싫었다.

나는 누구보다도 잘 살고 싶었다. 예쁜 것을 좋아해 시집가면 집을 잘 꾸며놓고, 예쁜 옷도 실컷 입으며 세련되고 멋지게 살고 싶었다. 그런데 사모가 되면 늘 경제적으로 힘들고, 흰 저고리에 검정 치마 같은 심플한 옷만 입고 살아야 할 것 같아 생각하기도 싫었다.

고등학생이 되자 나도 더 이상 참을 수 없었다. 사모가 되라는 말을 더는 듣고 싶지 않았다. 하루는 엄마한테 강하게 대들었다.

"엄마! 다시는 나한테 사모 되라는 말이나 그런 기도 하지 마. 그러면 나 죽어 버릴 거야!"

강한 성격의 엄마에게는 더 강하고 위협적인 말이 먹힐 것 같아 나도 모르게 그렇게 말해 버렸다.

그러자 엄마는 눈물을 흘리며,

"성자야! 내가 너한테 사모 되라고 하는 것이 네가 잘못되라고 하는 게 아니야. 내가 예수를 믿어 보니까 이왕 믿는 거 사모로 믿으면 하늘에 상급이 크니까 그러는 거야. 사모라고 다 힘든 거 아니다. 하나님이 도와주시면 훌륭한 사모가 될 수 있어.

엄마는 그게 믿어진다. 네가 아주 훌륭한 사모가 될 것 같아. 내가 기도해 보면 하나님이 너를 특별히 사랑하는 것이 느껴져."라고 말했다.

엄마의 눈물에 마음이 조금 아프긴 했지만 그래도 사모가 되긴 싫었다. 엄마와 나는 '사모가 되는 것'을 두고, 거의 십 년 동안 신경전을 벌였다. 엄마는 때때로 친한 권사, 집사들과 함께 우리 집에서 예배를 드렸다. 이분들에게 자녀들을 위해 기도해 주기를 부탁했고, 특히 내가 사모되게 해 달라는 특별기도 부탁은 절대 빼놓지 않았다. 정말 못 말리는 엄마였다.

군인이 전도사로

엄마는 내가 대학교 3학년 때부터 전도사와 선을 보게 했다. 왜 그렇게 내가 사모 되는 것에 목숨을 거는지 알 수 없었다. 엄마의 강요에 못 이겨 전도사와 선을 몇 번 봤다. 하지만 전도사들은 하나같이 행색이 초라하고 그렇게 구질구질해 보일 수가 없었다.

그러다가 대학을 졸업했다. 어느 날, 엄마는 기도원에 간다며 짐을 꾸렸다. 무슨 특별 기도제목이라도 있냐고 했더니, 내 결혼을 위해서 특별 기도하러 간다고 했다. 일주일 정도 예상하고 갔다 올 테니 집 잘 보라며 그날로 기도원에 들어갔다.

3일 정도 지나자 엄마가 기도원에서 내려왔다. 좋은 선 자리가 났으니 준비하라고 했다.

"네가 전도사는 싫어하니까 이번엔 군인이란다. 이번에 오신 기도원 부흥집회 강사님이 소개한 사람이고 좋은 자리란다. 아들만 셋인 집에 둘째 아들이니 시어머니 모실 걱정도 없어. 군인이어서 돌아다니기는 하겠지만 전도사보다는 나으니까 한 번 만나보자."

기도원에서 내려 온 엄마는 다짜고짜 이렇게 말했다.

내 의사와는 전혀 상관없이 엄마는 선 볼 날짜까지 다 정해서 내려왔던 것이다.

선 보는 날 아침, 우리 가족은 오늘 거사(?)를 치루기 위해 더 열심히 가정예배를 드리고 있었다. 그런데 갑자기 전화벨이 울렸다. 엄마가 얼른 달려가 전화수화기를 들었다. 어째 기분이 좀 이상했다.

"예? 아 그래요... 그럼 어떡하죠? 제가 우리 딸한테 한 번 물어보지요."

엄마가 전화기에다 대고 이렇게 말하는 것이었다.

그 순간, 내 머리가 빠르게 돌아갔다. 모든 상황을 단번에 눈치 챈 나는 엄마에게 말했다.

"왜? 그 군인이 전도사라도 됐어?"

"어떻게 알았어? 그 군인이 집에 누가 돌아가셔서 못 오고, 대신 이 목사님이 아는 전도사가 있는데 같이 내려와도 되느냐고 하시네."

불을 보듯 뻔한 작전이었다. 처음부터 군인은 없었고, 전도사만 있었던 것이다. 전도사라고 하면 내가 질색을 하니까, 일단 군인이라고 하고 선만 보게 하자는 시나리오였던 것이다.

"어떡할래?" 엄마가 전화 수화기를 든 채 나에게 물어보았다. 선 본다고 핸드백과 구두며 옷까지 다 사 놓은 마당에 안 보는 것도 좀 그랬다. 그리고 솔직히 누가 올지 속으로 궁금하기도 했다. 그러나 정색을 하고는, "뭐 어떡해! 할 수 없지. 그냥 내려오시라고 해." 퉁명스럽게 말했다.

남편과의 만남

이렇게 해서 남편을 만났다. 남편을 처음 만났을 때, 그 동안 본 전도사들에 비해, 인물도 나았고 결혼하면 영국 간다는 말에 사실 혹했다. 인상도 좋아 보이고, 괜찮아 보이는데 선교사를 하겠다고 했다. 그 당시 나는 선교사가 뭐하는 사람인지 자세히 몰랐다. 그 부분이 좀 걸리기는 했지만, 그래도 전도사보다는 괜찮을 거라고 생각했다.

다음날 우리는 경주에 가서 정식으로 데이트를 했다. 하루 종일 남편한테 선교에 관한 말만 일방적으로 들었다. 그런데 이상하게 선교에 대해 남편이 말할 때, '이 사람이 믿는 하나님과 내가 믿는 하나님이 같을텐데 이분이 말하는 삶은 뭔가 참 아름답다' 는 생각이 들었다.

남편이 다시 서울로 올라가야 할 시간이 되었다. 우리는 경주 기차역에 서 있었다. 1988년 6월 24일 금요일 오후 5시가 가까워오는 시간이었다. 남편은 가기 싫어하는 표정이 역력했다. 뭔가를 좀 주저하는 것 같더니 대뜸 이렇게 말했다.

"저와 결혼해 주실래요?"

"결혼요? 그러죠 뭐!"

힘들게 프러포즈 한 남편의 말에 내가 너무 쉽게 대답해 버렸다.

그날, 내가 왜 그렇게 쉽게 대답했는지 지금도 알 수 없다. 남편에 대해 아는 것이 거의 없었고 만난 지 이틀 만의 일이었다. 아마도 내 입을 빌어 성령이 말씀하신 것 같았다.

결국 엄마는 소원대로 나를 사모로 만들고야 말았다. 엄마의 기도가 무섭다는 것을 그때 알았다.

chapter 2

선교사의 소명을 받다

남편을 따라 영국으로

처녀시절 내가 싫어하는 세 가지 직업이 있었다. 첫째는 전도사, 둘째는 군인, 셋째는 예술가였다. 이런 직업을 가진 사람들은 아내를 고생시킬 것이라는 선입견을 가지고 있었다. 당시에는 사실이 그랬다.

하지만 남편을 소개로 만나 결혼하게 되었을 때, 이런 기준도 다 쓸데없는 것임을 알았다. 내 인생이 내 맘대로 되는 것이 아니라는 것도 깨달았다.

1988년 8월 15일 우리는 결혼했다. 결혼 후 남편은 곧바로 선교사 훈련을 받으러 영국으로 먼저 갔다.

서울올림픽이 열렸던 해인 1988년 12월 31일, 영국 히드로 공항에 도착해 먼저 가 있던 남편을 만났다. 열 번도 채 만나지 않고 결혼한 나는 몇 개월 만에 만나는 남편이 좀 낯설기까지 했다. 그러나 이제부터는 이 남편만 믿고 살아야 했다.

영국에서의 결혼생활은 도착한 날부터 며칠을 빼고는 고난 그 자체였다. 일단 남편이 선교사 훈련을 받는 학생이니 수입이 전혀 없었다. 매달 선교비가 100만 원 정도 들어올 것이라고 하더니, 한 푼도 들어오지 않았다. 당장 먹고 살 길이 막막했다.

한국에서 아르바이트도 한 번 해 본적이 없는 나였다. 그런데 영국까지 와서 신혼 때부터 돈을 벌어야 하는 처지에 놓인 것이다. 그래도 어떻게든 살아야 했기에, 여기저기 알아보며 직장을 구하려고 노력했다.

드디어 어느 한국회사 영국지부 비서로 들어가게 되었다. 감사하게도 영국은 남편이 학생이면 아내는 일을 할 수 있었다.

영국에서 꿈에 그리던 달콤한 신혼은 내게 없었다. 모든 것이 힘들고 모든 것이 낯설고 모든 것이 불편했다. 밤에는 울고 낮에는 웃었다. 한 달에 한 번은 꼭 부모님께 전화를 했다. 나는 늘 쾌활한 목소리로 말했다.

"엄마! 영국 너무 좋아. 내 걱정 하지 마. 난 너무 잘 지내고 있어요."

도저히 부모님께 힘들다는 말을 할 수 없었다. 내가 힘들다고 하면 잠 못 이루고 걱정하실 부모님 생각에 나 혼자 고생하는 것으로 충분하다고 생각했다. 전화를 끊으면 그렇게 눈물이 났다. 내 인생에 가장 힘든 나날을 보내고 있었지만, '영국이 너무 좋다'고 말할 수밖에 없었다.

선교사 꼭 해야 돼요?

드디어 남편이 WEC의 MOC(missionary orientation centre) 선교사 훈련과정을 마쳤다. 이제는 선교지를 정해 나가야 한다고 남편이 말했다. 나는 여전히 선교사의 소명이 없었으므로 선교지로 가는 것이 두려웠다. 남편은 아프리카 탄자니아로 가고 싶다며, 탄자니아 선교사로 가기 위한 준비를 했다.

큰일이었다. 영국까지는 어떻게든 따라왔지만, 아프리카 탄자니아로 간다니 앞이 캄캄했다. 그때 나는 딸아이를 임신하고 있었다. 기도하지 않을 수 없었다.

"주님! 우리 남편이 아프리카 탄자니아로 간다는데 어떡해요? 저는 너무 두려워요. 저에게도 선교사 소명이 있는 건가요? 그것을 확실히 말해 주세요. 저도 선교사 맞나요?"

매일 눈물로 기도하며 내게 선교사의 소명이 있는지 하나님께 물어보았다. 그때 남편은 선교사 훈련코스를 마쳤지만 저녁에 한국 식당에서 일하며 용돈을 벌고 있었다. 내가 선교지 가는 것을 선뜻 받아들이지 못하고 두려워하니 당장 나갈 수도 없어서 일을 하면서 시

간을 보내고 있었다. 밤 12시가 넘어서 파김치가 되어 집에 돌아오
는 남편을 보면, 마음이 아파 빨리 선교지로 가야 할 것 같았다. 날이
갈수록 남편은 한국 식당에서 일하는 것을 많이 힘들어했다. 하지만
한편으로는 '꼭 선교사로 가야 하나?' 하는 생각이 들기도 했다.

"당신 꼭 선교사 해야 돼요?"

내가 가끔 물어보았다.

"그럼! 나는 이미 신학교 때부터 선교사가 되려고 새벽 영어학원
에 다니며 준비했어."

그의 확실한 대답을 들을 때마다 선교사로 가는 것이 기정사실인
듯했다. 그러면 내가 선교사 소명을 받을 수밖에 없었다. 간절한 마
음으로 기도하며 하나님의 뜻을 구했다.

남편이 일하러 나가면 저녁 내내 혼자 울며 기도했다. 임신한 상
태여서 그런지 더 설움이 복받쳐 올라, 울며 기도하다 보면 베개가
흥건히 젖어 있곤 했다.

나를 찾아오신 주님

그렇게 몇 달이 흘렀다. 어느 날, 잠을 자려고 침대에 누웠는데 갑
자기 내 귀에 나팔소리 같은 큰 소리가 들렸다. 그 소리는 점점 더 커
지고 있었다. 옆에 누운 남편을 조심스럽게 흔들며 물었다.

"여보! 저 소리 들려요?"

남편은 못 들었는지 아무 반응이 없었다. 그때 감이 왔다. 주님이

나를 찾아오신 것임을.

"주님! 저를 찾아오셨군요. 이제 말씀해 주세요. 저를 선교사로 부르셨나요?"

급한 마음에 내가 다급하게 물었다.

"사랑하는 내 딸아. 네 남편이 선교사면 너도 선교사다. 네가 원하는 거 내 안에 다 있단다. 너는 내가 태중에서부터 부른 선교사란다."

눈을 꼭 감고 주님과 대화하는데 주님의 형상이 내 눈앞에 아른거렸다. 서서히 예수님 얼굴 윤곽이 또렷해졌다. 한없이 인자하신 주님이 나를 내려다보고 계셨다.

"감사합니다. 주님, 감사합니다. 이제 아무것도 두렵지 않습니다. 열심히 선교하겠습니다."

내가 기뻐서 대답했다. 그리고는 눈을 번쩍 떴다. 남편을 급히 깨웠다.

"여보! 지금 주님이 저를 찾아오셨어요. 저에게도 선교사 소명이 있대요. 이제 자신 있어요. 어디든지 갑시다. 탄자니아든 어디든지!"

남편은 이렇게 말하는 나를 놀란 듯 쳐다보고 있었다. 그도 그럴 것이 어제까지만 해도 선교사로 무서워서 못 가겠다고 하던 아내가 갑자기 어디든 가자고 하니, 놀랄 수밖에 없었다.

남편은 이내 상황을 이해하고 기쁜 목소리로 말했다.

"알았어. 내가 알아볼게. 하루라도 빨리 선교지로 갑시다."

우리는 그날 모처럼 편안한 마음으로 잠자리에 들었다.

아프리카 대신 필리핀으로

남편이 선교지로 계속 아프리카 탄자니아를 알아보았지만, 비자 문제가 잘 해결되지 않았다. 어느 날 남편이 말하기를,

"일단 첫 번째 선교지는 필리핀으로 정합시다. 내가 필리핀에서 1년 정도 있었지만, 그때는 선교사 후보자격으로 간 거고 이번에는 정식 선교사의 신분으로 갑시다. 필리핀도 복음이 필요한 나라니까 말이오."라고 했다.

그렇게 해서 우리 가족은 1990년 12월 24일, 첫 번째 선교지인 필리핀에 들어가게 됐다.

chapter 3

준비된 선교사

어느 봄날 오후

나는 어릴 적 성깔이 대단했다. 맏이로 태어나 세 명의 동생들을 무력으로 휘두르며 매일 여왕처럼 살았다. 깔끔한 것을 좋아하는 나는 모든 것이 반듯반듯해야 했다.

나한테 한번 잘못 걸리면 혼쭐이 나고 얻어맞기도 한다는 것을 아는 동생들은 가능한 나를 피해 다녔다. 엄마보다 나를 더 무서워했다. 집안에서 나는 아버지의 막강한 특별사랑에 의지해 보스처럼 군림했다.

햇살 좋은 어느 봄날 토요일 오후였다. 중학생이었던 나는 오전 수업을 마치고 집에 왔다. 그날은 모처럼 기분이 아주 좋았다. 토요일이 주는 여유와 즐거움에 신이 나 있었다. 아무도 없는 조용한 집에서 운동화도 빨고, 교복도 빨아 널고, 콧노래를 흥얼거리며 집안도 깨끗하게 청소해 놓았다.

그런데 그 순간, 남동생들이 키우는 중닭 하나가 깨끗하게 청소해 놓은 마루에 톡하고 올라앉더니 똥을 '찍' 하고 싸 버렸다. 순간, 내 눈에서 불이 났다.

"아니! 이놈의 닭이!"

나도 모르게 그 닭을 손으로 단번에 휘갈겨 버렸다. 순식간에 닭은 땅바닥에 내동댕이쳐졌고 그 자리에서 쭉 뻗어버렸다. 그래도 분이 쉽게 풀리지 않았다.

'감히 내가 깨끗하게 청소해 놓은 마루에 올라가 똥을 싸다니!'

나는 씩씩거리며 동생들이 들어오면 혼을 내줄 생각이었다.

잠시 후, 아무것도 모르고 밖에 나가 놀던 남동생들이 즐거운 듯 재잘거리며 집에 들어왔다. 기분이 좋아 보였다. 그런데 막내가 먼저 땅바닥에 쭉 뻗어있는 죽은 닭을 보았다.

"앙... 내 닭! 형, 우리 닭이 죽었어!" 하고 울기 시작했다.

그런 동생에게 기다렸다는 듯이,

"야! 입 못 닥쳐! 그 닭이 내가 청소해 놓은 마루에 올라가서 똥 쌌단 말이야! 빨리 갖다 치워! 안 그러면 너희 둘도 오늘 나한테 죽어!" 하고 소리를 질렀다.

내가 눈썹을 치켜뜨고 카리스마 있게 말하자, 내 성격을 아는 동생들은 아무 말도 못하고 울음을 뚝 그쳤다. 그리고 즉시 죽은 닭을 들고 밖으로 나갔다. 그 후로 동생들은 그 '닭 사건'에 대해서 한 번도 입 밖에 내지 않았다.

맏딸 리더십과 영적 에너지

그러다가 내가 결혼한 후, 온 가족이 친정에 모였을 때 막내 남동생이 그때의 '닭 사건' 이야기를 꺼냈다.

"누나! 그때 그 닭 사건 기억해? 정말 그 닭을 형하고 내가 얼마나 애지중지하게 키웠는데 그렇게 한 방에 갈겨서 죽이냐? 정말 대단해! 그 닭을 형이 학교 앞에서 사 가지고 함 잘 키워보려고 했는데, 누나 때문에 그냥 죽어버렸잖아. 정말 못 말려요. 우리 매부는 이런 누나와 무서워 어떻게 사나 몰라."

"하하하."

내가 재미있어 큰 소리로 웃었다. 막내 남동생이 다시 말했다.

"난 세상에 별로 무서운 게 없는 사람인데 누나는 진짜 무서워. 매부가 불쌍하다니까! 나는 닭을 한 방에 때려죽이는 여자랑 못 살아요."

계속되는 막내의 농담에 우리 식구 모두 방바닥을 치며 웃어댔다.

"야. 지금은 누나 안 그래. 얼마나 달라졌다고. 선교사가 그러면 되겠냐?"

내가 겨우 분위기를 추스르며 한 마디 했다.

"누나가 정말 닭을 그렇게 죽였어? 허허허. 정말 무서운 여자네. 난 그걸 여태껏 모르고 살았네. 미리 알았으면 결혼을 고려해 보았을 텐데."

남편도 한 마디 거들었다.

나의 불같은 성격은 그 닭 사건 하나로도 충분히 증명된다. 지금은 그 맏딸 리더십과 독특했던 카리스마가 경건생활을 통해 성결한 방향으로 승화되어, 12억 인도 영혼을 섬기는 강력한 영적 에너지가 되고 있다.

그러고 보면, 맏이로 태어나게 하신 것도, 열정적인 성격을 주신 것도, 모두 나를 선교사로 부르시려는 깊은 뜻이 있었던 것 같다.

chapter 4

내 은행은 하나님

나는 당신 은행이 아냐

필리핀에서 사역할 당시도 물질적으로 많이 힘들었다. 몇몇 교회와 내 친구 몇 명만 겨우 정기적으로 후원하고 있을 뿐이었다. 한 달에 후원이 1,000불도 안 들어와, 사역하고 나면 매달 말에는 늘 생활비가 모자랐다. 이렇게 물질적으로 어렵게 살다보니 자연히 남편에 대한 불만이 쌓이게 되었다.

어느 날 김치를 담으며 이런저런 생각을 하니 속이 상해왔다. 남편이 다른 선교사들과 비교되기 시작했다. 다른 선교사들은 후원 모금도 잘 하는 것 같은데, 남편은 후원 모금을 잘 못한다고 생각되자

화가 머리끝까지 치밀어 올랐다.

그때 마침, 사역지에 간 남편이 집에 돌아왔다. 남편을 보자마자, 화가 더 치밀어 올라 나도 모르게 김치가 가득 들어있는 김치통을 부엌 바닥에 내동댕이치며 냅다 소리질렀다.

"이래서 어떻게 살아요? 제발 좀 후원 좀 알아봐요! 남들은 후원도 많고 선교 팀도 많던데 당신은 도대체 뭐예요? 남자가 처자식도 못 먹여 살리려면 왜 결혼했어요?"

속에 쌓였던 말들이 나도 모르게 주체할 수 없이 터져 나왔다. 남편은 갑자기 당한 일에 놀라, 그 자리에 서서 가만히 듣고만 있었다. 그러더니, 특유의 침착한 목소리로 이렇게 말했다.

"당신이 하나 알아 둘 게 있어. 나는 당신 은행이 아냐. 돈이 필요하면 하나님께 달라고 기도해."

"뭐예요? 내가 하나님하고 결혼했어요? 왜 매번 하나님 핑계만 대요! 남편이 해야 할 일은 남편이 해야죠!"

어이없는 남편의 그 말을 들은 나는 더 부아가 나서 화난 목소리로 쏘아붙였다. 그리고는 안방에 들어가 한참 동안을 울었다. 진정이 좀 된 후 부엌에 가보니, 남편이 부엌을 깨끗하게 다 치워 놓았다. 그 모습을 보니, 아까 내가 너무 심하게 한 것 같아 미안한 마음이 들었다.

'시온의 대로'를 열다

그날 밤, 진지하게 하나님께 기도했다.

"하나님! 남편의 말이 맞나요? 자기가 은행이 아니라네요. 돈은 당신한테 구하라고 하네요. 내일부터 다시는 쩨쩨하게 남편에게 돈 달라고 하지 않을래요.

이제부터 제 은행은 남편 말대로 당신이에요. 이 최성자의 은행이 되어 주세요. 멀쩡하게 대학까지 나와서 이렇게 살기 싫어요. 저는 꿈도 많고 할 일도 많단 말이에요. 물질이 있어야 사역도 하지요.

앞으로는 절대 남편에게 돈 이야기 안 할래요. 당신한테 직접 구해서 쓸래요. 하나님이 저를 통해서 우리 가족을 축복해 주세요."

그날부터 나는 남편에게 더 이상 돈 이야기를 하지 않았다. 후원비가 적게 오면, 내가 기도를 많이 안 해서 적게 왔다고 생각하고 더 열심히 기도했다.

그러자 물질에 대한 기도 줄이 잡히면서 물질의 통로가 서서히 뚫리는 것 같았다. 나의 기도가 간절해질수록 후원금이 조금씩 늘어나는 것을 느꼈다. 참 신기하고 기뻤다.

어려운 중에도 매달 필요한 사역비와 생활비, 매년 한 번씩 들어가는 한국 방문비용, 우리 두 부부 신학대학원 학비 등 필요한 모든 것들이 다 채워졌다.

그렇게 나는 기도를 통해 하늘로부터 직접 물질적인 필요들을 공급받는 '시온의 대로'를 열어갔다. 기도하는 자에게 반드시 역사하시는 하나님이 느껴졌고, 후원 오는 줄기가 내 쪽으로 잡혀갔다. 돈이 들어올 때마다 하나님께서 내게 사인(sign)을 먼저 주셨다. 너무 신나고 흥분되는 역사가 계속 일어났다.

"주께 힘을 얻고 그 마음에 시온의 대로가 있는 자는 복이 있나이다"(시 84:5)

김치통 사건으로 인해 나는 정말 큰 것을 깨달았다. 자신은 은행이 아니라는 남편의 말은 내 기도의 방향을 바꾸었고, 나를 영적으로 성숙하게 만들었다.

또한 하나님과 직접적인 관계로 나아가는 중요한 계기를 마련해 주었다. 지금은 물질에 관한 것은 거의 염려하지 않는다. 믿음으로 나아가면 반드시 역사하시는 주님을 믿는, 믿음의 부자가 되었기 때문이다.

chapter 5

인도 사역의 위대한 출발점

특별한 사랑

우리 아버지는 첫째 딸인 나를 유난히 사랑했다. 나를 향한 아버지의 특별한 사랑은 동네에 소문이 다 날 정도였다.

아버지는 나에게 평생 거의 화를 낸 적이 없다. 내가 실수를 해도 거의 말씀이 없었고 늘 조용히 품어주었다.

하지만 동생들이 실수하거나 잘못을 하면 한 마디씩 했다. 그럴 때마다 동생들은 아버지 보고 자식 차별하지 말라고 했다. 엄마도 유별난 아버지의 맏딸 사랑을 지적하곤 했다.

"성자야. 니 아버지는 너 시집가면 어떻게 살려는지 모르겠다. 벌써부터 난 걱정이다. 너 시집가면 맨날 니네 집에 가서 살 거다.”

아버지는 내가 사모가 되는 것을 별로 좋아하지 않았다.

‘너무 고생길이라 내 딸만큼은 가라고 하고 싶지 않구나.’ 하며 한숨을 쉬곤 했다.

그러나 엄마는 나보고, ‘첫 것은 하나님의 것이니 너는 하나님 거야.’ 하며 대학 3학년 때부터 전도사와 선을 주선했다. 앞서 밝힌 대로 결국 그렇게 남편을 만나게 되었고 결혼이 결정되었던 것이다. 그때 아버지는 아무 말씀이 없었다.

그러던 어느 날, 아버지가 나에게 조용히 말했다.

“성자야. 네 신랑이 박 전도사 맞는 것 같구나. 어젯밤에 내가 꿈을 꾸었는데 양복 입은 남자가 공항에서 007 가방을 들고 네 신랑이라고 하더라.”

영국으로 떠나던 날

1988년 8월 15일 우리는 결혼식을 올렸다. 남편은 선교사로 헌신할 사람이라 결혼하자마자 영국으로 선교사 훈련을 받으러 갔다.

남편이 떠난 지 3개월 후 영국으로 떠나는 나를 배웅하러 온가족이 김포공항에 출동했다.

포항에서 먼 길을 달려 온 친정 식구들. 그날따라 아버지는 특히 더 말이 없었다. 출국 시간이 다 되어 출국심사를 받으러 들어가려는 나에게 아버지가 다가오더니, 그동안 모아둔 몇백 달러의 돈을 내미셨다.

"성자야, 이거 약간의 용돈이다. 받아 넣어라. 그리고 이제는 이 육신의 아버지를 의지하지 말고, 살아계신 하나님만 의지하거라. 이 애비는 네 동생들 셋이나 공부시켜야 하니까."

내 눈에서 눈물이 흘렀다. 좀 서운했다.

'그렇게 나를 사랑하시더니 이제는 인연을 끊으실 건가? 왜 그렇게 말씀하셨지?'

비행기 안에서 아버지가 한 마지막 말이 생각나 계속 눈물이 났다. 그리고 각오를 단단히 했다.

'그래. 이제까지 키워주시느라 고생 많으셨는데, 이젠 내 힘으로 살아야지. 절대 아버지에게 힘들다는 말 하지 말아야지.'

목사 안수

영국에서의 선교사 훈련을 마치고, 첫 번째 선교지인 필리핀에 도착하고의 일이었다. 다른 선교사들은 부모님을 필리핀에 초대해서 여행도 시켜드리고 즐거운 시간을 보내기도 했다.

나도 그러고 싶었지만 매일 사는 것이 힘들어 엄두도 내지 못했다. 필리핀에 도착한 지 몇 개월이 안 되어 파송교회가 후원을 끊어 물질적으로 힘든 고난의 삶이 계속되었기 때문이다.

그래도 가끔 전화해서, "아빠, 필리핀에 한번 오실래요?" 하고 물으면, 우리 형편을 짐작하는지, "아니다. 환갑 때나 갈게." 하셨다.

선교지에서의 몇 년이 금방 지나갔다. 아버지는 남편이 목사안수 받는 것을 무척 보고 싶어했다.

어느 날 아버지는 친필로 편지를 써서 왜 목사안수 소식이 없느냐고 물어왔다. 나는 남편에게 아버지가 그렇게 원하니 빨리 목사안수를 받는 절차를 밟으라고 재촉했다.

한국행 비행기 안에서

아버지의 간절한 기도 덕인지 드디어 남편은 목사 안수를 받게 되었다. 1994년 3월, 드디어 목사 안수를 받으러 한국에 들어가게 된 것이다.

아버지는 우리 집안에서 처음으로 목사가 배출된다는 사실에 무척 좋아했다. 엄마 말에 의하면, 아버지는 매일 아파트 보일러실에 들어가 바지 무릎이 다 닳도록 우리를 위해 기도했다고 한다.

나도 오랜만에 부모님을 뵐 생각에 너무 기뻤다. 초라한 행색이 드러나면 부모님 마음 아프실까봐 필리핀에서 신발도 사고 나름대로 한국에 갈 준비를 했다.

설레고 흥분된 마음으로 한국 가는 비행기를 탔다. 얼마 안 있으면 한국 땅에 도착할 것 같아 화장실을 다녀오려고 일어서는데 느닷없이 새로 사 신은 구두 앞장식 하나가 뚝 떨어졌다. 기분이 아주 좋지 않았다.

떨어진 구두 장식이 점점 신경쓰여 오기 시작했다. 기내 승무원한테 혹시 접착제가 있느냐고 물었더니 없다고 했다. 계속 기분이 찜찜했다.

도착하자마자 포항으로

드디어 김포공항에 내렸다. 3월의 한국 날씨는 아주 쌀쌀했다. 우리는 평택에 있는 시댁으로 먼저 갈 예정이었다. 그런데 부천에 사는 이모부 내외가 공항에 우리를 마중 나와 있었다.

"웬일이야? 이모?"

내가 한국에 온다는 연락도 하지 않았는데 무슨 일인가 싶었다.

"성자야, 지금 당장 포항으로 가야 해…"

이모가 떨리는 목소리로 안절부절 못하며 말했다.

"왜? 우리는 먼저 평택으로 갈 거야. 엄마가 우리 스케줄 다 아시는데 왜 그래? 포항은 나중에 갈 건데."

그러자 성격 급한 이모부가,

"네 아버지가 어제 돌아가셨어! 너 온다고 그렇게 좋아하시더니만. 어떻게 이런 일이 생겼는지. 쯔쯔쯧…"

"예? 아빠가요? 말도 안돼! 아빠! 내가 왔는데 어떻게 돌아가셔요? 이러시면 안돼요. 나한테 이러면 안돼요. 안돼!"

나는 공항 바닥에 푹 주저앉아 소리치며 울었다. 하늘이 무너지는 느낌이었다. 마른하늘에 날벼락이라더니 도저히 믿을 수 없었다. 조금 후에 현실이 느껴지며 눈물이 펑펑 쏟아졌다. 사람들이 쳐다보는 것이 느껴졌지만 상관없었다.

그 길로 고속도로를 달려 포항 어느 병원에 도착했다. 상복 입은 엄마가 먼저 달려 나왔다. 엄마를 보니 아버지가 돌아가신 것이 확실했다. 믿고 싶지 않은 현실이었다. 엄마가 다니는 교회 성도 몇 분들이 새벽까지 빈소를 지켜주고 있었다.

"저 딸을 그렇게 사랑하시더니 보고 싶어서 어떻게 돌아가셨는지 원…."

주위에서 이런 말들이 들렸다. 엄마가 나를 아버지의 관이 보관되어 있는 냉동실로 데려갔다.

"여보! 성자 왔어요."

엄마가 아버지의 관을 꺼내며 말했다.

나는 아버지의 관을 붙들고 대성통곡했다.

"나를 기다려야지. 아빠, 어떻게 내가 오기 하루 전에 돌아가셔요. 이게 나를 사랑하시는 건가요? 다시 돌아오셔요. 다시 돌아 와, 제발! 나는 아빠가 필요하단 말야. 가지 마세요! 아직 가지 마. 내가 좀 잘 사는 거 보고 가란 말이에요."

장례식장이 떠나가도록 같은 말만 하며 울고 또 울었다. 내 주변에 있던 사람들이 기절할 정도로 우는 나를 보고 다 따라 울었다. 어떤 분이 실신하기 직전인 나를 부축이며 말했다.

"이러다 사모님까지 큰일 나겠어요. 진정하세요. 진정하셔야 해요."

아버지 없는 목사 안수식

유난히 추웠던 그 해 3월, 사랑하는 아버지를 차가운 땅에 그렇게 묻었다. 아버지 나이는 58세였다. 회갑을 3년 남긴 채. 유난히 사랑했던 맏딸 집에 한 번도 와 보지 못하고 그렇게 급히 가버렸다.

아버지가 그토록 보고 싶어 했던 사위 목사 안수식 때 아버지의 자리가 텅 비어 있었다. 아버지 없는 목사 안수식이 나에게는 별 의미가 없었다. 그리고 다시 선교지인 필리핀으로 왔다. 아무 의욕이 없었다. 살고 싶지도 않았다. 모든 것이 허탈했다. 아버지가 없는 세상은 단 한 번도 생각해본 적이 없었다.

언제나 그 자리에서 나를 지켜줄 것만 같았던 내 사랑하는 아버지. 사역하기도 싫었고 밥하기도 싫었다. 딸아이가 아직 어려 엄마의 손길이 필요한데도 다 귀찮았다. 매일 눈물만 나왔다.

내가 불효녀라는 죄책감이 강하게 들었다. 내 손으로 따뜻한 밥 한 끼 못 해드렸고, 그토록 좋아하시는 찹쌀떡도 사드리지 못했다. 어버이날, 변변한 선물 한 번 사드린 적도 없었다. 그 흔한 양말 한 짝 사 드리지도 못했다.

늘 받기만 한 이기적인 딸을 평생 짝사랑만 하다 간 바보 같은 우리 아버지. 엄마가 장례식장에서 그랬다. 아버지가 돌아가시기 며칠 전, 가죽 잠바를 입고 싶어 했다고.

어느 의류매장에 가서 가죽잠바를 보고는 만지기만 하다가 "나중에 사지 뭐." 하고는 나왔다고 했다.

그때 가죽 잠바를 사 줄 걸 그랬다고 엄마가 울며 말했다.

'맏딸이 돼서 아버지에게 가죽 잠바 하나 못 사드리면서 무슨 선교는 한다고 필리핀에 왔는지.'

위대한 출발점

날마다 돌아가신 아버지 생각에 눈물 바람이었다. 그러기를 몇 달. 어느 날, 신호 대기에 걸려 차가 서 있었다. 그날도 나는 창밖을 보며 아버지 생각에 또 눈물을 흘리고 있었다.

남편도 몇 달 동안 이러는 나에게 별다른 위로의 말을 찾지 못하고 속수무책으로 지켜만 보고 있었다. 그런데 갑자기 남편이 이렇게 말했다.

"여보! 당신이 그렇게 매일 울고 있으면 하늘나라에 계신 장인어른이 보시고 얼마나 마음이 아프시겠어? 어서 마음을 추스르고 열심히 살아야 장인어른이 기뻐하시지."

남편의 말이 내 뒤통수를 세게 때렸다. 마치 하나님이 내게 말씀하시는 것 같았다. '맞아. 돌아가신 아버지를 기쁘게 하려면 내가 열심히 살아야지. 다 보고 계실 거야.'

정신이 번쩍 들었다.

그러다 문득 딸이 생각났다. 뒤를 보니 딸아이 행색이 말이 아니었다. 나는 너무 미안한 마음에 딸아이를 끌어안으며 말했다.

"엄마가 힘 낼 거야. 다시는 슬퍼하지 않을 거야. 그래야 돌아가신 할아버지가 기뻐하시지."

그 후 남편이 내게 공부할 것을 적극적으로 권했다.

"돌아가신 장인어른도 당신이 공부하면 좋아하실 거야." 하며 신학대학원 원서를 가져다 주었다. 필리핀 나사렛 신학대학원 입학 원서였다.

그렇게 시작한 공부가 지금 인도에서 영적 지도자들을 훈련시키는 사역으로까지 연결된 것이다. 하나님의 일하심은 이렇게 정확하고 놀랍기만 하다. 아버지를 잃은 고통 속에 시작한 공부가, 인도에서 역사적인 사역의 길을 여는 위대한 출발점이 되었다.

chapter 6

예수님의 붉은 피로

1999년 7월, 우리 가족은 필리핀 사역을 마치고 한국에 들어갔다. 한국을 떠난 지 12년 만이었다. 남편이 선교국장으로 본국 사역을 하게 되어 들어오게 된 것이다.

한국에 들어올 때도 우리는 이민 가방 두 개가 전부였다. 통장에 돈도 없었고 아무것도 가진 것이 없었다. 한국에서 다시 힘들게 정착을 하고 있던 어느 날, 경주에 사는 동생이 전화를 해왔다. 맏딸인 내 밑으로 여동생 하나와 남동생 둘이 있었는데 그때 여동생 성이는 결혼한 지 2년이 채 되지 않았을 무렵이었다.

"언니! 나 이상해. 세 달 동안 기침이 멈추지 않아서 병원에 가서 검사했더니 모든 게 반밖에 없대. 빨리 큰 병원에 가야 한대."

동생의 충격적인 말이었다.

"뭐야? 그럼 빨리 병원에 가 봐. 대구에 있는 경북대학교 병원으로 가."

불안한 마음에 그날 밤, 잠을 이룰 수가 없었다. 다음날 동생한테 다시 전화가 왔다.

"언니... 나 어떡해? 나 급성백혈병이래... 흑흑흑.. 어떡해."

"뭐? 급성백혈병?"

"고치기 힘든 병이래. 오늘부터 당장 입원해서 치료받아야 한다는데..."

동생이 전화기에다 대고 울면서 말하는 내용 모두가 도저히 믿어지지 않았다.

그 해 크리스마스

한국에 들어오자마자 이게 무슨 날벼락 같은 일인지. 12년 동안 선교지에서 죽도록 고생하고, 겨우 고국에 들어와 좀 편안하게 지내고 싶었다. 그런데 난 또 다른 큰 고통 앞에 몸을 떨어야 했다.

아버지를 잃은 상처가 채 아물기도 전에, 난 또다시 큰 슬픔의 문 앞에 서 있었다. 우리 세 남매가 피검사를 했지만, 동생한테 맞는 골수가 없었다. 할 수 없이 동생은 자신의 골수를 이식하는 자가골수이식 치료법을 택했다. 동생은 한 달 동안 무균실에서 혼자 치료받으며 지내야 했다.

동생은 머리도 빡빡 밀고 감방과도 같은 무균실에 들어갔다. 무균실은 환자들에게 감옥으로 치면 독방과도 같은 곳이었다. 아무도 방문할 수도 없었고 환자 혼자 모든 고통을 감당해야만 했다.

동생은 무균실에 있는 동안 첫 돌이 막 지난 아들을 몹시 보고 싶어 했다. '겨우 전화 통화만 할 수 있는 그곳에서 동생은 얼마나 울었을까?' 지금 생각해도 가슴이 미어진다. 그 후 동생은 자가골수이식 수술을 하고 퇴원했다.

다시 살아날 것 같았던 동생은, 몇 달 지나지 않아 암이 재발하고 말았다. 1년 1개월을 투병하던 동생은 서서히 죽음을 맞이하고 있었다. 2000년 크리스마스가 다가올 무렵, 제부한테 전화가 왔다. 임종이 가까운 것 같으니 내려오라는 내용이었다.

내려가 보니, 다리부터 온몸이 다 썩어 들어간 동생은 이제 몰핀이 들어간 주사만 맞고 있었다. 고통이나 잊으라고 병원 측에서 말기 암환자에게 놓는 주사였다. 그 주사를 맞으면 동생은 계속 잠만 잤다. 동생은 내가 옆에 있으면 그렇게 좋아하고 편안해했다.

잔인했던 12월

어느 날, 약 기운이 떨어져 잠시 정신을 차린 동생은 크리스마스 트리가 보고 싶다고 했다. 즉시 시내에 나가 조그만 크리스마스 트리를 사서 병실에 놓아두었다. 그것을 보더니 동생은 어린 아이처럼 좋아했다.

"아… 예쁘다…"

동생이 크리스마스 트리를 보더니, 희미한 미소를 지으며 말했다.

평소에도 예쁜 것을 무척 좋아하고 찬양을 잘 부르던 동생. 죽기 바로 전까지, 나는 동생 옆에 앉아 손을 잡고 계속 기도하고 있었다.

그런데 한 번은 동생이 갑자기 벌떡 일어나더니, 내 귀를 자기 입에다 갖다 대었다.

"언니! 나 죽고 싶지 않아. 나 좀 살려줘. 나 살고 싶어!"

간절한 목소리로 세 마디를 했다. 가슴이 무너져 내렸다. 그렇게 살고 싶다고 애원하는 동생에게 나는 아무것도 해 줄 수가 없었다.

"주님! 내 동생 살려주시면 안 돼요? 제발 한 번만 낫게 해 주시면 안 돼요?"

나는 동생을 끌어안고 병실이 떠나가라 큰 소리로 울부짖었다.

그날 새벽, 동생은 한 많은 삶을 뒤로 하고 하늘나라로 갔다. 한 살배기 아들 때문에 눈도 제대로 감지 못했다. 그때 동생 나이는 서른 한 살이었다.

"성이야! 미안해. 이 언니가 너무 미안해."

죽은 동생을 붙잡고 목 놓아 울었다.

동생은 화장해 바다에 뿌려졌다. 바다를 참 좋아했던 동생은 바다로 돌아갔다. 2000년 12월은 우리에게 그토록 잔인했다.

원망의 눈물이 감사로

죽은 동생을 바다에 뿌리고 서울 집으로 돌아와 작정하고 하나님께 물어보았다.

"왜 그러시는 거예요? 왜 나에게 계속 고난만 생기는 거예요? 도대체 내가 무슨 큰 죄를 지어서 이렇게 내 인생이 힘든 거예요? 나 좀 그만 내버려 두세요. 내 인생 그만 건드리세요."

방 안을 떼굴떼굴 구르며 울부짖었다. 주위에 들릴까봐, 이불을 뒤집어쓰고 하루 종일 울었다. 선교사고 뭐고 다 포기하고 싶었다. 더 이상 비극의 주인공은 싫다고 몸부림치며 울었다. 3일째 되는 날, 하나님의 음성이 들렸다.

"나는 내 아들 예수를 너를 위해 십자가에 못 박았다. 하나밖에 없는 아들이었다. 너를 위해서. 그런데 너는 세 명의 동생 중 하나를 잃고도 그렇게 슬퍼하는구나. 내가 너를 위해 내 아들을 십자가에 못 박아야만 했던, 그 아픈 마음을 한 번만 생각해 보지 않을래?"

그 말씀을 듣자 이상하게 침착해졌다. 그 동안 온통 내 아픔에만 관심을 갖다가 서서히 하나님 아버지의 입장을 생각해 보게 되었다. 이해가 되기 시작했다. 깨달음이 왔다.

'아...그랬군요.'

동생을 잃어보니, 죄도 없는 예수를 십자가에 못 박아야만 했던 아버지의 마음이 어떠했을지 이해가 되었다. 그러자 갑자기 나를 향한 아버지의 사랑이 물밀듯이 밀려왔다. 그 전엔 한 번도 이런 아버지의 사랑을 깊이 생각하지 못했다. 나를 위해 아들을 십자가에서 희생시킨 그 충격적인 사랑을 절절히 느끼지 못했다.

"왜 그렇게 저를 사랑하세요? 왜?"

그러자 갑자기 나를 향한 아버지의 십자가 사랑이 뼛속까지 느껴지며 통곡이 나오기 시작했다. 그 눈물은 방금 전에 흘리던 눈물과 정반대의 눈물이었다. 하나님을 원망해서 나오는 눈물이 아니라 아버지의 사랑에 너무나 감사해서 흘리는 눈물이었다.

"앞으로 네가 선교해야 할 사람들이, 내 아들의 핏 값을 주고 산 귀한 영혼들임을 알아라."

울고 있는 내게 이런 아버지의 음성이 들렸다.

12년을 선교사로 살았지만, 이런 절절한 아버지의 마음으로 나 아닌 다른 영혼을 사랑하지는 않았다. 그런데 그날, 나를 찾아오신 하나님은 진정한 내 아버지셨다.

동생은 그렇게 갔지만 그녀의 삶은 결코 헛되지 않았다. 선교사 언니인 나에게 가장 중요한 '영혼 사랑'과 아버지의 큰 '십자가 사랑'을 깨닫게 했으니 말이다. 동생의 죽음은 다른 수많은 영혼들을 구원하는 데 나를 더 제대로 쓰임받게 하시려고 예비된 값진 것이었다.

"그는 육체에 계실 때에 자기를 죽음에서 능히 구원하실 이에게 심한 통곡과 눈물로 간구와 소원을 올렸고 그의 경건하심으로 말미암아 들으심을 얻었느니라" (히 5:7)

고난은 곧 지나간다

동생의 죽음을 뼈아프게 경험한 나는 이 글을 쓰면서 꼭 하고 싶은 말이 있다. 삶이 힘겨워 자살하려는 분들이나 절망 속에 있는 분들은, 제발 한 번 더 삶을 귀하게 생각하고 힘을 조금 더 내라고 격려하고 싶다. 잠깐의 힘듦과 고난은 곧 지나간다. 주님만 믿고 나아가면, 반드시 고난이 축복이 되어 돌아오는 영광의 날이 찾아온다.

한 번밖에 없는 삶을 함부로 저버리지 말아야 한다. 우리 생명의 주인은 하나님이시다. 그분으로부터 우리 생명이 왔다. 모든 이의 삶은 귀하고 소중하다. 삶은 살수록 가치 있어지고 풍성해지고 멋있어진다.

한때의 감정과 충동으로 삶을 포기시키려는 사탄에게 속지 말라. 사탄은 끝이라고 말하지만, 주님은 그때 시작이라고 말씀하신다.

우리 모두의 삶은 예수의 붉은 핏 값으로 주어진 귀하고 복된 삶이다. 하나님은 살아계시며 어떤 상황도 바꿀 수 있는, 전능하신 아버지다. 죽음도 이기신 분인데 이 세상의 어떤 문제를 이기지 못하시겠는가! 그분께 나아가라. 예수께서 말씀하셨다.

"너희 염려를 다 주께 맡기라 이는 그가 너희를 돌보심이라"
(벧전 5:7)

우리의 모든 염려와 걱정은 주님이 돌보신다. 지금 당장 그분께 맡겨라. 우리 동생처럼 살고 싶었으나, 처절하게 죽어간 사람들이 이 땅에 얼마나 많겠는가! 그들이 못다 산 삶의 몫까지, 이 땅에 남아 있는 우리들이 살아야 한다. 부끄럽지 않게 살아야 한다. 두 배 더 열심히 살아야 한다.

동생을 잃고 진정한 아버지의 영혼사랑을 깨달은 그날, 나는 결단했다. 앞으로 죽은 동생의 몫까지 두 배 더 열심히 살 것을. 지금도 동생이 죽기 전에 말한 그 세 마디가 자주 생각난다.

"나 죽고 싶지 않아.
나 좀 살려줘.
나 살고 싶어!"

chapter 7

엑소더스(Exodus) 천막교회

필리핀 선교시절

필리핀 선교사로 사역할 때다. 한 달에 30만원씩 후원하던 파송교회가 몇 달 만에 후원을 끊었다. 살 길이 막막했다.

경북대 C.C.C. 84학번 동기들에게 사정을 말하고 후원을 부탁하는 편지를 썼다. 안타깝게 생각한 몇 명의 친구들이 개인 후원을 조금씩 해 주었다.

그렇다고 선교하러 온 선교사가 밥만 먹고 살 수는 없었다. 사역을 하고 싶었다. 무슨 사역이든 시작하고 싶었다.

하루는 남편이 여기저기 다녀오더니, 플러드웨이(Floodway)라는 지역에 교회가 필요하다고 했다. 다음날 나도 가 봤더니 그 지역엔 교회가 하나도 없어서 정말 교회가 필요해 보였다.

플러드웨이 지역은 도시 빈민층들이 사는 지역으로 약간 언덕에 위치한 마을이었다. 상하수도 시설도 없고 전기, 수도시설도 없는 곳이었다.

그 지역을 놓고 기도하기 시작하자, 복음이 필요한 지역이라는 확신이 왔다. 그래서 우선 어린이 사역부터 시작했다. 여름성경학교를 시작으로 어린이 사역을 하자 몇백 명의 아이들이 모였다.

문을 연 천막교회

그러다가 몇 달 후, 어른 예배를 드리고 싶었다. 하지만 월세로 교회 한 칸 빌릴 돈도 없었다. 어떻게 할까 고민하자 아이디어가 하나 떠올랐다. 천막교회를 하면 되겠다는 생각이 들었다. 세계에서 가장 크다는 여의도순복음교회도 처음에는 천막교회부터 시작되었다는 이야기를 들었다.

남편은 곧 시장에 가서 천막을 사왔다. 그리고 나무를 사서 직접 긴 의자를 몇십 개 만들었다.

플러드웨이 엑소더스 24번지 길거리를 예배장소로 정했다. 그리고 한 달 동안 집집마다 돌아다니며 전도했다. 8월 첫 주에 우리 교회가 창립되니 나오라고 했다.

사람들이 물었다.

"당신 교회가 어디에 있지요?"

교회 건물도 없이 교회 나오라고 하니까 의아한 모양이었다.

"지금은 안 보입니다만, 주일날 10시에 24번지 거리에 오시면 압니다. 꼭 오세요."

내가 당당하게 말하니 필리핀 사람들은 하나같이, "Okey!" 라고 했다. 이 정도 초청했으니 첫 예배에 많은 사람들이 올 거라는 확신이 들었다. 드디어 첫 어른 예배를 드리는 날이 됐다. 이른 아침부터 우리 가족은 부지런히 플러드웨이에 올라가 예배 준비를 시작했다. 천막을 치고 서너 명이 함께 앉을 수 있는 긴 의자를 갖다 놓았다.

남편은 처음으로 영어 설교를 하는 날이었다. 두려움 반, 기대감 반으로 예배 시간을 기다렸다.

드디어 10시가 되었다. 그런데 한 사람도 오는 사람이 없었다. 통역할 신학생 하나와 우리 세 식구가 전부였다. 삼십 분이 지났다. 여전히 아무도 오지 않았다. 열 한 시가 되었다. 여전히 한 사람도 오지 않았다.

네가 그 한 사람이 되어라

처절한 마음으로 기도하기 시작했다.

"주님! 어떻게 한 사람도 오지 않나요? 분명히 내가 초청했을 때 온다고들 했습니다. 주님! 이 예배는 사람과의 약속이 아니라 하나님과의 약속입니다. 이대로 내려갈 수는 없습니다. 제발 도와주세요.

한 사람이라도 보내주세요."

기도가 끝나자마자 친근한 목소리가 들렸다.

"네가 그 한 사람이 되어라."

가만히 생각해보니, 무슨 말씀인지 알 것 같았다. 난 초조하게 앉아 있는 남편에게 말했다.

"여보! 설교 시작하세요. 제가 당신의 첫 성도가 되어 드릴게요."

그러자 남편이 알았다는 듯 앞에 나가 설교하기 시작했다.

예배가 끝나자, 내가 승리했다는 느낌이 강하게 들었다. 사탄은 예배를 들으러 한 사람도 오지 못하게 해서 우리를 방해하려 하고 낙심시키려 했지만 그 계략에 속아 넘어 가지 않았다. 그 예배는 하나님께 드리는 예배였고 하나님과의 약속이었다. 사람 숫자에 따라 예배를 드리고 안 드리고 할 문제가 아니었다.

그 후로 난 한 가지 중요한 결심을 했다. 앞으로 어떤 상황에서도 사탄의 계략에 속지 않을 것이며, 눈에 보이는 상황에 따라 행동하지 않으리라 다짐하고 또 다짐했다.

그런데 참 이상했다. 분명히 많은 필리핀 사람들이 예배에 참석한다고 'Yes'를 했는데 하나도 나오지 않은 것이다. 나중에 알고 보니, 필리핀 사람들은 거절하는 것을 어려워해 예의상 "Okey"라고 말한다는 것을 알았다. 필리핀 사람들의 "Okey"는 상황에 따라, "No"도 될 수 있고, "Yes"도 될 수 있었다. 그게 필리핀 문화였다.

딱 한 사람만!

다음날 월요일 아침 일찍, 다시 플러드웨이로 뛰어갔다. 가가호호 다니며 우리 천막교회에 나오라고 또 전도하기 시작했다. 그러면서 속으로 외쳤다.

"주님! 제발 한 사람만 만나게 해 주세요. 딱 한 사람만요."

그렇게 성령의 도우심을 구하며 열심히 전도했다. 그러다 엑소더스 24번지 거리에 있는 한 집에 들어가 전도를 하자, 마리배쓰라는 자매가 우리를 따뜻하게 대접하며, 다음 주에 우리 교회에 나오겠다고 약속했다.

다음 주가 되었다. 초조한 마음으로 그 자매를 기다렸다. 드디어 그 자매가 왔다. 그런데 혼자가 아니었다. 일곱 명이나 같이 왔다. 그 자매 할아버지, 할머니, 이모 등 같이 살고 있는 전 가족이 다 나왔다. 필리핀 사람들은 직계가족을 비롯해 친척들까지 대가족으로 모여 산다. 그 덕을 우리가 본 것이었다.

그 다음부터 엑소더스(Exodus) 천막교회는 계속 부흥되었다. 예배를 드리고 있으면 지나가던 사람들이 천막에서 무슨 일이 있나 궁금해 슬그머니 뒷자리에 앉곤 했다. 그분들이 나중에는 자연스럽게 교인이 되었다. 한 달 정도 지나자, 예배드릴 때 만들어 놓은 나무의자가 모자랄 정도였다. 그로부터 정확하게 1년 후, 어느 귀한 분의 후원으로 천막교회 자리에 땅을 사서 2층으로 아름다운 교회를 건축했다.

영적 자존심

제대로 쓰임 받는 곳

남편이 선교국장으로 사역하면서 받은 첫 본봉이 70만원 정도였다. 서울에서 세 식구가 살기에는 턱없이 부족한 물질이었다. 남편을 선교국장으로 부른 목사가 "봉급은 살 만큼 준다."고 해서 왔지만, 실상은 그렇지 않았다. 당장 먹고 살 일이 걱정이었다.

우리 형편을 아는 교단 총무는 나에게 어느 날 한 가지 제안을 했다.

"사모님이 영어를 좀 하시니까 내가 아는 어느 목사님이 운영하는 영어학원의 원장직을 맡으면 어떨까요?"

'목사님이 무슨 영어학원을 하시나?' 하는 의아한 생각이 들었다. 아무리 돈이 없어도 그 제안이 썩 내키지는 않았다.

며칠 후, 그 총무 목사는 함께 그 학원을 가보자고 했다. 남편의 상관이라 거절도 못하고 마지못해 따라 나섰다. 속으로 하나님의 간섭하심을 간절히 기도했다.

가서 보니, 어느 목사가 아파트단지 앞에 영어학원을 차려놓고 학원을 맡아줄 원장을 찾고 있었다.

그런데 그분에게는 정신적으로 문제가 있어 보이는 딸이 하나 있었다. 나이는 이십 대가 넘어 몸집은 컸지만, 눈이 돌아가며 이상한 말을 했다. 영적으로 뭔가 이상한 것이 느껴졌다.

그것을 보니 하나님이 'No' 라고 말씀하시는 것 같았다. 우리 형편을 알고 도와주려는 교단 총무의 마음은 고마웠지만, 정중히 사양했다. 그리고 기도에 들어갔다.

"주님! 제가 영어학원 원장이 될 것 같았으면 왜 선교사한테 시집을 갔겠습니까? 당신이 영국에서 분명히 저에게 선교사 소명을 주지 않으셨습니까?

저도 한국에서 쓰임받고 싶습니다. 제발 하나님이 기뻐하시고 제게 주신 은사를 맘껏 사용할 수 있는 사역을 허락해 주세요."

"하나님이 우리에게 주신 것은 두려워하는 마음이 아니요 오직 능력과 사랑과 절제하는 마음이니" (딤후 1:7)

주님으로부터 오는 자존심

그렇게 6개월을 부르짖자, 놀라운 일이 생겼다.

어느 날, 성결대학교 기독교 교육학과 김승곤 교수로부터 연락이 왔다. 김 교수는 남편의 대학 스승이었다. 필리핀에도 몇 번 방문한 적이 있고 해서 잘 아는 분이었다.

"사모님! 필리핀에서 박사 코스 웍(course work)까지 마쳤다고 들었습니다. 그래서 기독교교육 과목 하나를 이번 학기부터 맡아주었으면 합니다."

"네? 제가요? 저는 한 번도 대학생들을 가르쳐 본적이 없어서…" 하며 말끝을 흐렸다.

"다 그렇게 시작하는 겁니다. 힘든 공부했으니 이제부터 사용해야지요."

김 교수가 생각지도 않게 강한 동기부여를 해주었다.

"알겠습니다. 한 번 해 보죠."

내가 웃으며 대답했다.

가만히 생각해 보니, 대학 시간강사 제안은 내가 간절히 기도했던 기도 응답이었다. 그 다음날부터 설레고 떨리는 마음으로 강의 준비를 하기 시작했다.

한 번 강의가 주어지자, 다른 곳에서도 강의할 수 있는 문이 열렸다. 성결대학교 신학생들도 가르칠 기회가 주어졌다. 이렇게 해서 나는 처음으로 대학 강단에 서게 되었고 첫 학기에 세 과목을 가르치는 놀라운 역사가 일어났다.

나는 강한 영적 자존심으로 성결대학교 강단을 쟁취했다고 믿는다. 어떤 어려운 상황에서도 세상과 타협하지 않고, 주님이 원하시지 않는 것은, '아니다' 라고 말할 수 있는 자존심. 그것을 주님이 무척 사랑하신다는 것을 나는 안다.

하나님으로부터 받은 직분은 기도와 믿음으로 끝까지 지켜야 한다. 환경에 따라 달라지는 자존심이 아니라, 주님으로부터 오는 고상하고 순결한 흔들리지 않는 자존심, 그것이 바로 영적 자존심이다.

"나를 능하게 하신 그리스도 예수 우리 주께 내가 감사함은 나를 충성되이 여겨 내게 직분을 맡기심이니" (딤전 1:12)

chapter 9

우리를 더 필요로 하는 인도로 갑시다

선교지 물색

남편이 교단 선교국장직을 사임하자, 우리 가족은 다음 선교지를 정해야 했다. 어디로 갈 것인지 무척이나 고민되었다. 남편은 선교지에 관련된 여러 정보를 수집하며 기도하기 시작했다. 나도 두 번째 선교지를 놓고 강하게 기도했다.

가만히 보니 태국이 좋아 보였다. 그래서 태국을 놓고 기도에 들어갔다. 그러나 남편은 어느 모임에 갔다 오더니, 인도에 가는 것이 좋겠다고 했다. 난 많이 실망했다.

"인도요?"

내가 필리핀 신대원에서 공부할 때, 몇몇 인도 학생들을 만난 적이 있었다. 그들을 볼 때마다, 이 사람들은 왜 이 먼 필리핀까지 공부하러 왔을까 하고 의아한 생각이 들었었다. 그들과 별로 친하지도 않았고 너무 가난한 나라에서 와 솔직히 약간 무시하는 마음도 있었다. 특히나 친절하지도 않고 늘 화가 난 듯한 그들의 표정이 맘에 들지 않았다. 더구나 한국에서 너무 멀었다.

그런데 남편 입에서 인도라는 단어가 나온 것이다. 난 펄쩍 뛰었다. 나는 태국을 품고 기도하고 있으니, 태국으로 가자고 했다. 우리는 서로 다른 의견차이로 며칠을 고민했다. 그러다가 내가 한 가지 제안을 했다.

"두 번째 선교지는 정말 하나님이 원하시는 선교지여야 하고, 우리 마지막 선교지가 될지도 모르니 좀 더 신중하게 행동하는 게 나을 것 같아요. 선교국장 그만둘 때 받은 퇴직금이 있으니 그 돈으로 인도와 태국 답사를 다녀오세요."

하나님이 명령하시는 곳

내 제안에 남편도 흔쾌히 동의해, 한 달 동안 인도를 둘러보았다. 한 달 후 집에 들어왔는데, 인도에서 얼마나 고생했는지 몰골이 말이 아니었다. 시커먼 피부는 더 까맣게 타 있었고 몸무게도 많이 준 것 같았다.

그런데 난 남편의 그런 초췌해진 모습에 내심 안도의 한숨을 내쉬었다. 그렇게 죽도록 인도에서 고생했으니 이제는 더 이상 인도 가자고는 하지 않을 거라는 생각에서였다.

남편은 좀 쉬었다가 다시 태국을 일주일 정도 다녀왔다. 이번엔 방문 기간이 짧아서 그랬는지 상태가 괜찮았다. 나는 속으로 안심하며 '태국으로 가겠구나.' 하는 생각에 행복해지기 시작했다.

그런데 어느 날, 남편이 나를 불렀다.

"내가 태국과 인도 두 군데를 다 갔다 왔는데… 아무래도 인도로 가야겠어."

"뭐라고요? 아니 인도 가서 밥도 못 먹고 열병에 걸려 죽을 고생했다며, 왜 인도로 가자는 거예요? 난 싫어요."

그러자 남편은 조용히 말했다.

"내가 선교사가 된 것은 힌두권이나 모슬렘권 선교를 하고 싶었기 때문이야. 태국도 선교가 필요한 지역이긴 하지만, 인도에 가보니 정말 마음이 아프고 선교해야겠다는 생각이 절실하게 들었어. 인도가 우리를 필요로 해."

너무 진지하게 말하는 남편의 말에, 나는 아무 말도 할 수가 없었다.

"당신이 좀 힘들겠지만, 인도로 갑시다. 그리고 내가 선교국장으로 있으면서 신학생들과 선교사 후보생들에게 선교사로 사명 받으면 장소를 가리지 말고 오지(奧地)라도 하나님이 명령하시면 가야 한다고 가르쳤어. 그러니 내가 그 모범을 보여야 하지 않겠어?"

게임 끝. 인도가 우리를 필요로 한다는데 무슨 말이 더 필요하겠는가! 그렇게 해서 두 번째 선교지로 인도가 결정되었다.

chapter 10

모든 생명은 주님으로로부터

1994년에 남편을 잃은 엄마는 2000년 말, 다시 둘째 딸을 백혈병으로 잃고 심신이 무척 약해져 있었다. 또한 엄마는 지병인 당뇨로 여러 해 고생을 하고 있었다. 동생이 죽었을 때, 큰 딸인 내가 한국에 없었다면 엄마도 죽었을 거라며 나를 많이 의지했다.

엄마의 오랜 기도와 강권으로 딸을 선교사로 만들었지만, 너무 고생하는 나를 보며 엄마는 가끔 후회하는 말도 했다.

"내가 그때 너를 강제로 시집보내는 것이 아니었나 봐."

힘든 선교사의 삶을 사는 딸을 볼 때마다 기도대장인 엄마가 말했다. 엄마는 우리가 한국에 있을 때, 서울에 있는 우리 집에 오는 것을 무척 좋아했다.

철마다 김치를 담가서 택배로 보내고, 두 달에 한 번 정도 우리 집에 왔다. 엄마는 그 힘으로 사는 것 같았다. 엄마는 큰 딸인 내가 성결대학교 시간강사로 나가는 것도 아주 자랑스러워했다. 늘 딸에 대한 자부심으로 가득 찬 분이었다. 엄마는 이제 한국에 들어왔으니, 선교사생활 그만하고 국내에서 목회하는 것을 은근히 바라고 있었다.

"성자야. 이제는 네가 한국에 있었으면 좋겠다. 네가 있으니 든든해. 내가 그렇게 기도하고 있어."

기도대장 엄마가 쓰러지다

그런 엄마에게 다시 선교지로 나간다는 말을 도저히 할 수 없었다. 차일피일 미루다가, 인도로 갈 날짜가 거의 다가와서야 할 수 없이 힘들게 엄마에게 전화해 말을 꺼냈다.

"엄마! 할 말 있어요. 놀라지 마요. 나 인도로 가야 돼요."

수화기 저쪽에서는 아무 말이 없었다. 조금 후에,

"에구… 인도로 간다고? 거기가 어딘데? 엄마는 어떡하라고…"

엄마가 울먹이며 말했다.

세월이 사람을 변하게 하는 모양이었다. 나이 든 엄마는 '첫 것은 하나님의 것이니 너는 하나님 거야.' 하셨던 예전의 강인한 모습이 많이 사라지고 약해져 있었다.

그러더니 그 다음날 새벽 결국 쓰러졌다. 엄마는 구급차에 실려 포항이 아닌 대구 경북대학교 병원 응급실로 실려 갔다. 얼마나 위험한 상황이었는지 알 것 같았다.

그 소식을 듣고 바로 대구 경북대학교 병원으로 달려갔다. 엄마는 응급실에 누워 있었다. 의사가 나를 보더니 대뜸 따지듯 말했다.

"보호자 되세요?"

"네."

"아니, 환자가 이 지경이 되도록 놔두시면 어떡합니까? 조금만 늦었어도 돌아가실 뻔했어요. 조금 있다가 병실 드릴 테니 일단 옮기세요. 아마 수술하셔야 할 겁니다."

그러더니 휙 가 버렸다. 눈물만 쏟아졌다. 내가 엄마를 이렇게 만들었다는 죄책감에 마음이 쓰렸다.

"그러게 왜 나를 사모로 못 만들어 그렇게 안달을 하셨어요. 선교사로 보내니까 매일 딸 걱정에 기도와 눈물로 살아야 하고 나도 이렇게 힘들고 서로가 힘든 일을 왜 했어요."

나는 의식을 겨우 회복한 엄마의 손을 잡고 그렇게 말하며 울었다.

그날 오후, 담당 의사를 만나 보았다. 엄마가 심장에 충격을 받아 수술을 해야 한다며 당장 내일이라도 수술 날짜를 잡자고 했다. 막내 동생과 내가 의사 앞에 앉아 있었다.

우리는 아무 말도 하지 못했다. 수술하는 것은 좋지만, 수술비가 몇천만 원 든다는 말에 한숨만 나왔다. 남편은 벌써 선교국장직을 사임한 상태여서 6개월간 월급도 없이 사는 처지였다. 동생도 경제적으로 넉넉지 않아 우리는 고개만 떨구고 있었다. 걱정이 태산이었다.

모든 생명은 주님으로부터

다음날, 의사는 또 우리를 불렀다. 왜 아무 말도 없느냐고 다그쳤다. 할 수 없이 내가 말했다.

"의사 선생님! 오해하지 마세요. 자식으로서 이런 말씀 드리기는 좀 그렇습니다만, 우리 엄마 심장 수술 꼭 해야 하나요? 수술하는 것은 좋지만 저희가 당장 몇천만 원이나 되는 수술비를 감당할 수 없거든요."

의사가 그제야 우리 사정을 알아챈 모양이었다.

잠시 아무 말도 안하더니, "그래요… 그럼 오늘 더 자세한 검사를 해서 내일 결정합시다."라고 했다.

다시 하루가 연장되어 잠시 마음이 놓였다. 우리 형편과 사정을 다 아시는 주님께서 어떤 방법으로든 역사해 달라고 간절히 기도했다.

다음날, 떨리는 마음으로 의사를 다시 만났다. 의사는 우리를 한참 쳐다보더니 이렇게 말했다.

"제가 의사로 오랫동안 일해서 아는데요, 별의별 케이스가 다 있습니다. 당장 수술해야 할 것 같아서 수술했는데 그 다음날 돌아가시는 분도 있고, 수술 안하면 죽을 것 같은데 수술비 때문에 수술 못 해도 멀쩡히 오래 사시는 분도 있고 그렇습니다.

보아하니 형편이 어려우신 것 같은데 제 생각엔 수술 안하는 것이 좋다고 봅니다. 상황은 좀 급합니다만, 노인들 모시는 자식들 보면 마음 아플 때 많습니다. 집까지 팔아 수술할 필요는 없다고 봅니다.

모든 생명은 하늘에 있다고 생각합니다. 약을 좀 처방해 드릴 테니 일단 그 약 드시게 하고 좀 두고 봅시다."

직업은 의사인데 말은 목사처럼 했다. 그때 그 의사를 하나님께서 우리의 위로자로 사용하신 것이 분명했다. 이 말을 듣자, 동생과 나는 지옥에서 천국으로 온 느낌이었다. 즉시 엄마가 있는 병실로 달려갔다. 그런데 엄마가 나를 보더니 이렇게 말했다.

"성자야. 나 수술 안 할란다. 어제 새벽에 주님이 나를 찾아오셔서 괜찮으니 집에 가라고 하더라. 그리고 너도 인도 가라. 이제는 내 딸이 아니라 하나님의 딸이니까. 내가 너를 하나님께 드린 것을 잠시 잊고 있었구나. 내 걱정은 말고 인도에 가라. 가서 최선을 다해 하나님 일을 해."

두 눈에서 눈물이 흘렀다. 엄마와 나는 서로의 손을 맞잡고 감사의 기도를 올렸다.

하늘에 쌓이고 쌓이다

지금까지 엄마는 건강하다. 세월이 갈수록 건강이 더 좋아지고 목소리에 힘이 느껴진다. 일주일에 한 번씩 전화해 기도 많이 하라고 하면 이렇게 말한다.

“내가 밥 먹고 할 일이 뭐가 있어? 너를 위해서 하루종일 기도하는 거지. 그리고 내가 너 다섯 살 때부터 지금까지 한 기도가 하늘에 쌓이고 쌓여 더 이상 쌓을 곳도 없을 거다.

이제 잘 되는 일만 남았다. 기도하는 것은 걱정 말고 열심히 주를 섬겨라. 그러면 너를 하나님께서 크게 쓰실 거다. 이 엄마는 너를 위해 기도만 하면 감사해서 눈물이 난다.”

이런 기도대장 엄마의 중보기도로, 평범하디 평범했던 나를 인도에서 이렇듯 비범하게 사용하고 계신다고 믿는다.

chapter 11

커리 향 닮은 여자

커리 없이 못 사는 인도

인도하면 바로 카레가 떠오른다. 진짜 발음은 '커리(Curry)' 다. 인도 선교사라고 하니, 인도에서 인도 커리만 먹고 사는 줄 안다. 결론부터 말하자면 아니다.

선교사들은 보통 집에서 된장찌개와 김치찌개를 끓여 먹고 산다. 하지만 선교지 특유의 특산물을 대할 기회는 그만큼 많다.

인도 커리는 우리가 보통 생각하는 한국 카레와 많이 다르다. 향도, 맛도, 생김새도 다 다르다. 우리가 생각하는 보통 카레는 우리 입맛에 맞게 만들어진 '맛있는 카레' 고, 인도 커리는 인도인들의 입맛에 맞는 '맛있는 커리' 다.

인도 커리는 색깔도 우리처럼 선명하지 않고 톡 쏘는 독특한 향이 있다. 참 묘하고 특이한 향이다. 그런데 이 향이 좀 문제다. 이 향이 없으면 좀 괜찮겠는데 코끝에 느껴지는 특이한 향 때문에 인도 커리 먹는 것이 꺼려진다. 어렸을 때부터 먹었다면 괜찮았겠지만 우리처럼 늦게 맛을 본 사람은 그 향이 역겹기까지 하다.

그런데 인터넷에 보니 인도 커리의 독특한 향에는 건강에 관한 놀라운 비밀이 숨어 있다. 인도 커리는 우리 몸에 좋은 성분을 가지고 있다. 인도인에게는 치매와 같은 병을 가진 환자들이 비교적 적다. 그게 인도인들의 주식인 커리 때문이라고 한다.

커리에는 항산화, 항염증 작용을 하는 커큐민 성분과 뇌의 노화를 어느 정도 막아주는 성분을 가지고 있다. 또한 커리에 담긴 화학물질이 면역체계를 활성화시켜 알츠하이머 등의 진행을 막아준다.

치매를 일으키는 단백질에 일로이드 베타라는 것이 있는데, 그 단백질 성분을 제거하는 성분을 가지고 있다. 미국에 비하면 인도의 알츠하이머 발병률은 불과 사분의 일 정도라고 한다.

예수 없이 못 사는 그날까지!

그러고 보니, 인도 커리와 나는 닮은 점이 있다. 첫째는 인도에 있다는 것이다. 둘째는 인도 커리가 인도인들의 신체적 건강에 좋다면, 나는 인도인들의 영적인 건강에 유익하다는 것이다.

인도인들이 매일 먹는 커리가 알츠하이머 병을 예방해 주고 뇌 노화를 방지하는 신체적인 병을 예방하는 반면, 나는 인도인들에게 매일 말씀을 선포하고 가르치며 그들의 영혼을 치료하고 회복한다.

내게는 말씀이 인도 커리 같은 역할을 하는 것이다. 그래서 나는 내게서 인도의 커리 향이 난다고 믿는다.

인도인들이 세상에 오염되는 것을 예방하고 영적인 면역체계를 강화시켜, 영적인 병으로부터 인도인들을 지키는 것이 내 일이다.

인도인들이 커리 없이 못 사는 것처럼, 예수 없이 못 사는 그날까지 복음 전하는 일을 쉬지 않을 것이다.

아침에 일어나 성경을 읽거나 컴퓨터에 앉아 글을 쓰곤 한다. 내 책상 앞에 막 내린 커피가 놓여 있다. 그런데 코끝에 또 다른 진한 향이 느껴진다. 낯익고 친근한 향이다. 열어 놓은 창문으로 들어오는 인도 커리 향이다.

chapter 12

상급을 주시는 하나님

2009년 1월, 새해 말씀을 묵상하는데 창세기 15장 1절이 가슴에 뜨겁게 와 닿았다.

"이후에 여호와의 말씀이 환상 중에 아브람에게 임하여 이르시되 아브람아 두려워하지 말라 나는 네 방패요 너의 지극히 큰 상급이니라"

"상급"이라는 단어가 눈에 확 들어왔다. 이 말씀을 읽자, 올해는 하나님께서 우리에게 분명히 좋은 것으로 보상해 주시고, 상급을 주실 것이라는 확신이 들었다. 그 해 나에게는 두 가지 소원이 있었다.

딸의 대학 입학과 내 박사학위였다.

"주님! 제게 올해 상급을 주시려면 딸이 좋은 대학교에 입학하게 해 주시고, 제게 박사학위를 주세요."

나는 즉시 소원을 담은 기도를 드리고 '큰 상급'이라는 그 말씀을 믿었다.

L 목사 부부에게 닥친 위기

그 전에 이런 일이 있었다. 첸나이 한인교회 담임목사인 L 목사가 우리 아파트 단지에 살고 있었다. 서로 바빠서 잦은 왕래는 없었지만, 잘 아는 사이였다. 하루는 박사논문에 필요한 자료를 찾다가, 문득 L 목사 집에 책이 많이 있다는 사실이 생각났다. 즉시 전화를 걸어 책 좀 빌리러 가도 괜찮겠냐고 물으니 오라고 했다.

어느 토요일 오후, L 목사 집의 초인종을 눌렀다. 문을 열고 나온 L 목사의 표정이 좀 이상했다. 뭔가 근심이 있는 표정이었다. 집 안에 들어서자 분위기가 더 이상했다. L 목사 사모는 부엌으로 곧바로 들어가더니 한참을 있었다. 방에 앉아 무슨 일인가 궁금해 하는 우리에게 L 목사가 말했다.

"사모님! 큰일 났어요. 제 아내가 몸이 아파서 한국에 들어가서 건강검진을 했습니다. 그런데 다른 검사 다 받고 마지막 소변검사에서 임신이라는 판정이 났지 뭐예요. 이미 방사선 검사까지 다 마친 상태였거든요. 그래서 다시 검사를 해 보았더니 아이가 다운증후군이랍니다. 어떡하죠? 기도 좀 해 주세요.”

넷째 아이가 들어섰는데 다운증후군이라는 것이었다. 그 당시 L 목사의 사모가 사십대 초반이어서, 연령상으로 다운증후군 아이를 낳을 확률이 높긴 했다.

다과상처럼 반듯한 아이

갑작스런 소식이라 나도 많이 당황되었다. 그러는 사이, L 목사의 사모가 다과상을 들고 방에 들어왔다. 그런데 그 다과상을 보자, 하나님의 응답이 왔다. 그 다과상에 있는 커피며 과일들이 내 마음을 흡족하게 했고, 모든 것들이 반듯반듯했다.

“그 다과상처럼 아이도 반듯하게 나올 것이니 걱정 말라고 해라.”

주님의 음성이 들렸다.

나는 즉시 걱정하고 있는 L 목사 부부에게 선포했다.

“목사님, 사모님! 지금 성령이 아무 걱정 말라고 하십니다. 세상에 의사들은 그 아이를 다운증후군이라고 하지만, 영적인 의사인 우리 하나님 아버지는 그 아이가 지금 정상이라고 하십니다. 이런 상황일수록 더욱 강한 믿음으로 나아가야 합니다.”

그러자, 그 즉시 그 사모의 얼굴이 환해지며,

“사모님! 사모님의 말씀이 하나님 말씀처럼 들려요. 제 마음이 너무나 평안해졌어요.” 라고 했다.

2주 정도 지나서 L 목사 사모가 나에게 전화를 했다. 빨리 집으로 와달라는 것이었다. 가서 보니 L 목사 사모가 예쁜 과일 바구니를 준비해서 내게 주었다. 내 말을 들은 후, 혹시나 싶어서 인도 병원에 가서 다시 검사를 했더니 검사 결과가 다운중후군이 아니라고 나왔다는 것이었다. 그렇게 말하는 L 목사 사모의 얼굴이 꽃처럼 화사했다. 그리고 열 달 후, L 목사 사모는 건강한 남자 아이를 낳았다.

보상해 주시는 하나님

당시 나는 예원이 대학 문제를 놓고 기도 중이었다. 1월 안으로 미국에 있는 대학에서 연락이 와야 하는데, 아무런 연락이 없어 우리 가족 모두가 초조해 하고 있었다.

미국에 있는 7개 대학에 원서를 넣었지만, 수준이 좀 낮은 이름도 없는 대학에서만 연락이 온 상태였다. 나는 7개 대학 중 리버티 대학이 마음에 들어 입학하게 해 달라고 기도하고 있었다.

예원이는 리버티 대학에서 오랫동안 연락이 없으니 나에게 포기하자고 했다. 주님께서 분명히 '상급'에 대한 약속의 말씀을 주셨기에, 나는 딸에게 걱정 말라고 했다.

1월 중순쯤 되었을 때, L 목사가 막내아들 돌이라며 초청을 했다. 돌잔치에 가서 다른 선교사들과 함께 식사를 하고 있는데 갑자기 내 전화벨이 울렸다. 받아보니 딸아이였다.

"엄마! 이제는 정말 리버티를 포기해야 할 거 같아요. 메일이 왔는데 무슨 서류가 부족하다는 말만 해요."

한참 모임에서 즐겁게 대화하던 나는 이 말을 듣자, 기분이 좀 안 좋았다. "엄마가 지금 사람들하고 있으니까 나중에 집에 가면 전화할게" 하고 급히 끊었다. 좋은 소식이 아니어서 표정관리가 잘 되지 않았다.

그런데 5분도 지나지 않아, 다시 전화벨이 울렸다. 또 예원이였다. 속으로 '얘는 안 좋은 소식을 가지고 눈치 없이 왜 자꾸 전화를 하는 거야' 라고 생각하며 전화를 받았다.

그런데 이번에는 예원이의 목소리가 달랐다.

"엄마! 리버티 대학에서 연락 왔는데 제가 합격했대요! 아까 리버티에서 두 개의 메일이 와서 똑같은 것인 줄 알고 하나만 열어봤다가, 아무래도 이상해서 다른 메일을 열어보니, 'conglatulations'(축하합니다)라고 써 있어요."

"할렐루야!" 난 기쁨에 넘쳐 큰 소리로 외쳤다.

내가 다운증후군 아니라고 선포했던 L 목사의 막내아들 돌잔치에서 하나님께서 확실하게 내게 보상을 해 주신 것이다. 뿐만 아니라, 그 해 나도 박사학위를 받았다.

비전은 입술로 선포하라

말씀을 믿는 것이 곧 복이다. 내게 온 말씀을 확실히 믿으면 곧 내 축복이 되는 것이다. 내 것임에도 찾아 먹지 못하는 것은 믿음이 없기 때문이다.

그 후에도 이 선포의 힘은 여전히 내 삶 속에서 생생히 역사한다. 기도해서 받은 비전이 있으면 바로 입술로 선포한다. 인도 선교 승리의 비밀은 바로 이 선포의 힘이라고 해도 과언이 아니다.

마음에 받은 비전이 있으면 선포해 보라. 그것이 이루어지는 놀라운 역사에 입을 다물지 못할 것이다.

chapter 13

열방의 빛으로

자유로에서 본 태양

인도에 들어오기 전, 남편이 한국에서 선교국장직을 물러난 후의 일이다. 너무 갑작스런 일이라 매일 한숨과 눈물 바람이었다.

속상하고 답답한 마음을 달래러 남편은 자동차를 몰고 자유로를 달리곤 했다. 이 세상에 우리 세 식구만 달랑 남은 것 같았다. 자유로를 무작정 달리며 우리 가족은 아무 말이 없었다. 모두가 이 막막한 현실을 어떻게 헤쳐 나가야 할지 몰랐다.

그날도 자유로 끝까지 달렸다가 다시 집으로 돌아오는 길이었다. 갑자기 딸아이가 차 안에 무겁게 깔려있던 정적을 깨며 말했다.

“엄마, 아빠! 저기 보세요. 큰 해가 우리를 따라오고 있어요!”

밖을 보니, 정말 엄청 큰 붉은 해가 우리 앞을 비추고 있었다. 그렇게 큰 해는 난생 처음이었다. ‘저렇게 큰 해가 있을까?’ 싶었다. 뭐라고 표현할 수 없는 묘한 느낌이 들었다.

그때가 저녁 무렵이라 막 지기 시작하는 석양이었다. 딸 아이 말대로, 그 해는 계속 우리 앞에서 한참을 있었고, 무슨 메시지를 주려는 것 같았다. 마치 우리를 좋은 곳으로 안내하는 것 같기도 했다. 이런 똑같은 일이 그 후로도 세 번 정도 있었다.

나중에 그것이 하나님의 사인(sign)이라는 것을 알았다. 우리에게 ‘걱정하지 말라’ 는 사인을 주신 것이었다. 아주 크고 둥글고 아름다운 해는 마치 우리에게 밝은 앞날을 예고하고 있는 것 같았다.

하나님은 자연현상을 이용하셔서도 당신의 자녀를 위로하신다는 것을 그때 알았다. 힘든 일이 있을 때, 사람의 위로를 찾기보다는 살아계신 아버지의 위로를 구해야 한다는 것도 깨달았다.

세 번째 같은 일이 일어났을 때, 내가 딸에게 말했다.

“우리에게 아주 좋은 일이 있을 것 같아. 이건 보통 축복이 아니라 아주 아주 큰 축복이 우리를 기다리고 있다는 뜻이야. 우리 힘내자!”

이 말을 들은 남편과 딸은 모두 기뻐했고, 그 힘든 몇 달을 잘 견딜 수 있었다. 그리고 6개월 후, 인도로 오게 되었다.

인도에서 다시 떠오르다!

인도에 들어와 정착하기 바빴던 몇 해 동안, 인도의 태양도 눈에 들어오지 않았다. 그러던 어느 날 저녁 무렵, 아파트 베란다가 갑자기 환해지는 느낌이 들어 밖을 내다보았다. 그 해였다! 우리가 자유로에서 본 바로 그 똑같은 해였다.

아주 크고 붉고 눈이 부시도록 아름다운 태양. 한국 자유로에서 본 해와 인도 우리 아파트에서 본 해가 그렇게 똑같을 수가 없었다. 말할 수 없는 감격이 밀려왔다.

하나님께서 우리를 인도 선교사로 쓰시기 위해, 선교국장도 갑자기 그만 두게 하셨고, 자유로에서 인도의 해를 미리 보게 하셨던 것이다. 이 모든 것이 다 하나님의 섭리였고 뜻이었음이 느껴졌다.

"그때에 의인들은 자기 아버지 나라에서 해와 같이 빛나리라 귀 있는 자는 들으라" (마 13:43)

인도 석양은 세계적으로 유명하다. 인도에서 매일 석양을 보고 있으면 그렇게 장관일 수가 없다.

인도의 유명한 시인 타고르(Tagore, 1861-1941, 인도의 시인이자 철학자, 1913년 아시아에서 최초로 노벨문학상 수상)가 나온 이유를 알 것 같았다. 인도 해를 보면, 누구라도 시를 쓰지 않고는 못 배길 만큼 아름답고 환상적이다.

앞으로 인도사역은 인도 해처럼 크고, 열정적이며, 눈이 부시도록 아름다울 것이다. 우리의 사역은 인도를 거점으로 해서, 세계 열방을 향하여 거침없이 나아갈 것이다.

예수 없이 썩어 가는 사람들의 삶을, 어둠에서 빛으로 이끌 것이다. 열방의 빛으로! 사랑의 빛으로!

아멘!

인도 성도들을 볼 때마다 이 나라 이 민족을 향한 하나님의 위대한 비전이 느껴진다.
이제 인도 부흥의 물줄기가 서서히 잡히기 시작한다. 첸나이에서 시작된 이 부흥의
새바람은 인도 전역으로 거세게 불어갈 것이다. 인도 남쪽에서 북쪽으로 강하고 급한
성령의 새바람, 그 바람의 중심에 우리가 서 있는 것이다.

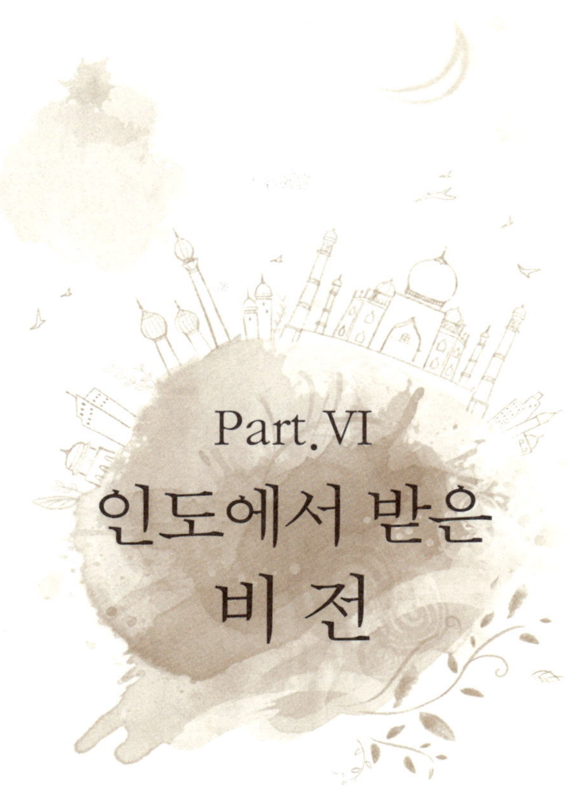

Part.VI
인도에서 받은
비 전

가장 높은 우먼 타워를 세워라

인도 복음을 주도할 여성

2005년, 미국 시카고에 간 적이 있었다. GAP 선교사 전략회의에 초대되어 처음으로 미국 땅을 밟았다. 회의가 끝나자, 주최 측에서 시카고 명물 중의 하나인 시어스 타워(Sears Tower)를 구경시켜 주었다. 높고 멋진 시어스 타워를 구경하며 벌어진 입을 다물지 못했다. 106층의 건물을 둘러보며 참 대단하다는 생각을 했다.

2008년 세계 한인 선교사대회가 미국 시카고에서 열리게 되어 다시 한 번 시카고에 가게 됐다. 모임이 끝나고 시카고의 명물인 시어스 타워를 또 구경했다. 한 층에 유명한 오프라 윈프리, 찰리 채플린,

제임스 딘 등 시카고가 낳은 세계적인 인물들의 사진을 걸어 놓은 곳이 있었다. 두 번째 그곳을 돌아보는데, 갑자기 인도 여성들이 생각났다.

인도 교회는 절반 이상이 여성 성도다. 그들은 주님을 향한 뜨거운 열정을 가지고 있다. 내 눈에는 그들이 인도 교회 부흥을 주도할 영적 군대들로 보인다. 이들은 주일학교 교사로, 성경공부 인도자로, 기도그룹 리더로, 찬양 인도자로 다양한 분야에서 각자의 은사로 주님을 섬기고 있다. 그러나 아직은 그들의 사역 영역이 한정되어져 있고 미약하다. 이제 인도 여성들이 일어나 인도 복음화를 주도할 때라고 나는 믿는다. 이렇게 잠깐 인도 여성들을 떠올리며 시어스 타워를 구경하고 있는 나에게, 갑자기 하나님의 음성이 들렸다.

"인도에 이런 시어스 타워 같은 여성타워를 세워라. 여성이 무시되는 인도에, 내가 여성을 얼마나 아름답게 창조하였는지 보여주고 싶다. 여성의 존엄성과 아름다움을 알리는 가장 높은 타워를 첸나이 시내 중심부에 세워라. 그래서 내게 영광을 돌려라!"

너무 거창한 비전이어서 잘못 들은 것으로 생각하며 그 소리를 애써 외면하려고 했다. 하지만 시어스 타워 관광을 마치고 숙소로 돌아왔는데도, 계속 같은 말이 들렸다. 아무리 무시하려고 해도 그 말씀이 계속 나를 따라다녔다. 결국 믿고 선포하는 것은 내 일이고, 이루시는 것은 하나님 일이므로 순종하기로 했다.

여성타워 비전

인도에 돌아와 사모대학 학생들과 여성타워 비전을 함께 나누었다.

"여러분! 첸나이 가장 중심에 여성 타워를 세우고 싶습니다. 그래서 하나님의 위엄을 드러내고 싶습니다. 가장 높은 타워를 세우고 싶습니다. 각층마다 여성의 존엄성과 아름다움을 알리는 공간을 마련하고 싶습니다. 맨 꼭대기에는 십자가를 세우고 싶습니다. 이 비전을 위해 기도해 주세요."

우레와 같은 박수가 터져 나왔고 아멘 소리도 여기저기서 들려왔다. 나는 가끔 이런 생각을 한다. 하나님이 주신 비전은 마치 태아를 10달 동안 어머니 뱃속에 품는 것과 같다고. 때가 차면 태아가 세상 밖으로 나오듯, 마음에 품은 비전도 언젠가 때가 되면 이루어진다고 믿는다.

난 지금 여성 타워에 대한 비전을 6년째 품고 있다. 하나님이 주신 이 비전은 하나님의 때에 하나님의 사람을 통해 하나님의 물질로 반드시 이루어지리라 믿는다. 믿음은 보이지 않는 것들의 실상이라고 했다. 믿음의 눈으로 보면 남이 보지 못하는 것이 보인다.

지금도 인도사모대학 학생들은 이 비전을 위해 매일 기도한다. 우리가 함께 기도하면 언젠가 주님이 반드시 일하실 줄로 믿는다. 그래서 곧 인도 첸나이 도심 중심부에 여성타워가 하나님의 위용을 드러내며 당당히 설 줄로 믿는다.

\# 주님의 영광을 위하여!

2008년 8월 6일, 내가 카페지기로 있는 [Blessing India Ministry] 카페에 이런 글을 남겼다.

"할렐루야! 이제 본격적으로 하나님께서 인도 사역을 위해 일어서신 느낌입니다. 이 모든 것을 더욱 기도로 준비해야겠습니다.

여러분도 이 위대한 프로젝트를 위해 기도해 주시기 바랍니다. 인도에 세워질 '세계 여성 비전 센터'의 모델도 주셨습니다. 바로 미국 시카고의 가장 높은 빌딩인 106층 '시어스 타워'입니다.

주님께서 "인도에 나의 위엄과 위대함을 드러낼 영광스런 빌딩을 지으라!"고 말씀하셨습니다. 하늘의 문을 여시고 물 붓듯이 부으실 주님의 거대한 능력을 기대합니다.

위대한 것도 언제나 작은 출발에서 시작됨을 알기에 모든 것을 주께 맡기고 나아갑니다. 주님의 영광을 위하여!!"

chapter 2

인도 목회자 자녀도 케어(care)하라

마음에 근심하지 말라

어느 날 띠루뭄라이바얄 목회대학원에서 강의하다가 성령님의 말씀을 들었다.

"간디 루반 목사 집에 큰 일이 생겼으니 수업 끝나고 물어보아라."

수업 후, 간디 루반 목사를 만났다.

"오늘 성령이 나에게 말씀하시기를, 당신에게 큰 일이 있다고 하는데 무슨 일 있으세요?"

그는 깜짝 놀라더니 금방 눈에 눈물이 고이기 시작했다. 솔직히 간디 루반 목사는 내가 별로 마음에 들어 하지 않는 학생이었다. 평소 얼굴이 너무 어두웠고 성격이 강해 보여 가르치는 효과가 있을지 걱정되는 사람이었다.

그런 분이 갑자기 눈물을 보이니 당황스러웠다. 잠시 눈물을 흘리던 간디 루반 목사는 사연을 말하기 시작했다.

"제게는 아들이 둘 있는데 둘 다 공부를 잘 합니다. 그런데 제가 목회를 하다 보니 물질이 부족해 공부 잘 하던 큰 아들을 사립학교에서 정부학교로 전학을 시켰습니다.

그 다음부터 그 아들이 나쁜 친구들과 어울리더니 성적도 떨어지고 반항도 심해졌습니다. 교회도 잘 안 나오고 불순종하여 속을 무척이나 썩였습니다. 그런데 어젯밤에 제가 좀 나무라자 집을 나가버렸습니다.

밤새 아들을 찾아다녔지만 찾을 수가 없었습니다. 그 일로 오늘 목회대학원에 가야 하나 고민했는데, 제 아내가 집 안 일은 걱정 말고 일단 학교에 가라고 해서 왔습니다. 그런데 선교사님이 저를 보자고 해서 놀랐습니다."

그러고 보니 전날 나에게도 징조가 있었다. 집에서 강의 준비를 하고 있는데 성령께서 자꾸 요한복음 14장 1절을 강의하라고 하셨다.

"너희는 마음에 근심하지 말라 하나님을 믿으니 또 나를 믿으라"

그 성경구절은 다음날 강의 내용과 썩 맞는 구절이 아니어서 이상하다고 생각했었다. 하지만 특별한 뜻이 있는 것 같아, 일단 말씀을 묵상하고 '걱정하지 말라' 는 내용의 강의를 준비했었다. 다음날 내 강의는 한 시간 반 내내 걱정하지 말라는 내용이었다.

종합예술 사역

간디 루반 목사가 계속 이야기했다.

"오늘 강의 내내 저는 너무 놀랐습니다. 성령님께서 선교사님을 통해 걱정하지 말라는 말씀을 하시는 것 같았습니다. 강의 전체가 마치 저를 위해 준비된 듯한 느낌이 들었습니다."

놀랐던 건 나도 마찬가지였다. 너무나 세밀하게 학생 한 사람 한 사람에게 역사하시는 성령님이 놀라울 뿐이었다. 그나저나 집 나간 그 아이를 어떻게 해야 할지 고민이었다.

'그 녀석은 왜 집은 나가서 나를 힘들게 할까? 그렇지 않아도 여러 가지 머리 아픈 일 많은데…'

나도 사람인지라 속으로 약간 원망스런 마음이 들었다. 200명 가량 되는 현지 목회자들과 사모들을 훈련하다 보니, 갖가지 사건들이 자주 터진다. 이들의 영적, 육적 필요를 섬기는 일이 보통 힘든 일이 아니다.

이 사역은 한마디로 종합예술 사역이라고 할 수 있다. 영적으로 육적으로 모든 것이 풍성해야만 가능한 사역이라 매일 무릎 꿇지 않을 수 없다. 학생들은 개인 기도제목부터 교인들 기도제목까지 모두

다 들고 온다. 게다가 기도 부탁이 대부분 물질 문제다. 6년간 이 많은 학생들을 어떻게 섬겼는지 돌아보면 기적과 같다.

간디 루반 목사는 계속 훌쩍거리며 내 앞에 앉아 있었다. 남자의 눈물을 보니, 나도 마음이 약해져 그 동안 그에 대한 부정적인 생각도 사라졌다.

이런 일은 나도 처음이라 어떻게 해야 할지 난감했지만, 무조건 주님께 기도했다.

"주님! 빨리 역사해 주세요. 전 힘이 없어요. 당신이 책임지셔야지요. 이젠 어떻게 해야 하나요?"

그러자, "기도해라"하는 지시가 왔다. 간디 루반 목사에게 기도하자고 했다. 기도 중간에 나도 모르게 이런 선포 기도를 하고 말았다.

"3일 안에 당신 아들은 돌아옵니다. 그리고 당신 앞에 무릎 꿇고 잘못했다고 용서를 빌 것입니다. 아무 걱정하지 마십시오."

일 주일 후의 간증

기도를 끝내고 나니, 은근히 걱정이 되기 시작했다.

'내가 왜 삼일이라고 했을까? 내가 미쳤지. 주님이 일하시기에도 너무 짧지 않나? 넉넉히 일주일이나 보름 안에 돌아온다고 할걸.'

하지만 이미 엎질러진 물이었다.

"말씀하신 분은 주님이시니 주님 책임이지. 에라, 모르겠다."

참 편한 믿음을 가진 나였다. 그리고 사역에 바빠 그 일을 잊고 있었다.

다음 주가 되어 학교에 갈 때가 돼서야 간디 루반 목사의 아들 일이 생각났다. 수업이 끝나면 어떻게 됐는지 물어봐야겠다고 생각하고 있었다.

그런데 수업이 시작되자마자, 간디 루반 목사가 간증이 있다며 손을 들었다. 나도 궁금했으므로 앞에 나와서 말하라고 했다.

"지난주에 제 아들이 집을 나갔었습니다. 최 선교사님이 제 아들이 3일 안에 돌아와서 제 앞에 무릎 꿇고 용서를 빌게 될 거라고 기도를 해 주셨지만, 전 사실 믿지 않았습니다.

그런데 정말 기적이 일어났습니다. 지난 목요일 저녁, 신기하게도 집 나간 제 아들이 들어왔습니다. 그리고는 선교사님이 말씀하신 대로 아들이 제 앞에 무릎을 꿇고 용서를 빌었습니다. 아들을 끌어안고 울었습니다. 하나님과 선교사님께 너무 감사드립니다."

울먹이는 소리로 간디 루반 목사가 간증을 마쳤다. 그의 간증에 대부분의 학생들이 울었다. 다들 비슷한 환경과 처지에 있는 목회자들이라 공감대가 형성됐던 모양이다.

"너희가 기도할 때에 무엇이든지 믿고 구하는 것은 다 받으리라 하시니라" (마 21:22)

목회자 자녀를 위한 사역

인도 현지 목회자들은 대부분 힌두교에서 개종한 사람들이다. 인도에서는 힌두교에서 기독교로 개종을 하게 되면, 집안에서 쫓겨나고 부모와 친척들로부터 따돌림을 당하게 된다.

만약 재산이 있는 집이라면 부모로부터 한 푼의 유산도 받지 못하게 된다. 그야말로 육신의 부모와 형제, 그리고 친척들로부터 온갖 멸시천대를 받는다.

따라서 물질적인 어려움은 이들에게 늘 피할 수 없는 현실적인 고통이다. 그럼에도 불구하고, 이 어렵고 힘든 목회자의 길로 헌신하는 사람들이 늘어 가고 있다. 성령의 일하심은 아무도 막을 수 없다.

인도 목회자들의 힘든 삶 때문에 함께 고통을 받게 되는 것이 바로 자녀들이다. 목회자 자녀들이 십대가 되면 반항이 더 심해진다. 친구들과 비교해 상대적인 빈곤감을 견디기 힘들어한다. 이들은 목회하는 아버지를 가난하고 무능력한 사람으로 생각하여 거칠게 반항하며 불순종하는 사례가 많다. 참으로 가슴아픈 일이 아닐 수 없다.

인도에서 중류층 이상의 아이들은 대부분 사립학교를 다닌다. 정부학교는 주로 카스트(Cast: 신분제도)도 낮고, 극빈한 가정의 아이들이 다니는 학교다. 정부학교는 선생들도 학생들의 학업에 큰 관심이 없고 잘 돌보지 않는다. 따라서 정부학교는 교육의 질이 상당히 떨어지고 학업에 흥미가 없는 문제아들이 많다. 요즘은 보통 사람들도 할 수만 있으면 자녀들을 사립학교에 보내려고 안간힘을 쓴다.

목회자 자녀 중에는 학업 성적은 뛰어나지만, 가정 형편 때문에 사립학교에 가지 못하고 정부학교에 다니는 아이들이 많다. 학년이 올라갈수록 부모가 비싼 등록금을 감당하기 어렵기 때문이다.

이렇게 억지로 부모의 강요에 의해 정부학교로 옮긴 아이들은 대부분 학교에서 만난 나쁜 친구들의 영향을 받게 된다. 그들은 점점 학업에 흥미를 잃고 나쁜 짓을 해 부모의 가슴을 아프게 한다. 그렇다고 자녀들만 탓할 수도 없는 일이다. 그들도 나름대로 얼마나 힘들겠는가.

간디 루반 목사 아들의 일을 보면서, 하나님께서 내게 또 하나의 비전을 주셨다. 정기적으로 현지 목회자 자녀들을 위한 '비전 축제 캠프'를 개최하는 것이다. 목회자 자녀로서의 정체성을 심어주고 위로하는 사역을 하면 좋겠다는 강한 마음의 소원이 생겼다.

목회자 자녀들은 인도 민족 복음화를 주도할 다음 세대 주역들이다. 내가 이제까지 만나 본 대부분의 인도 목회자들은 자신의 자녀들이 자신의 뒤를 이어 목회자가 되기를 바라고 있었다. 이것은 극히 고무적인 일이라고 생각된다.

따라서 목회자 자녀들을 위한 사역도 대단히 중요하고 시급한 사역이라고 할 수 있다. 이 귀한 사역을 위해 필요한 동역자들을 주시리라 믿는다.

chapter 3

깨어지는 인도 가정을 구하라

목회자 가정사역

인도에서 7년간 사역하면서, 현지 목회자 부부들을 훈련하다 보니 필요한 사역이 또 보였다. 그것은 목회자 가정에 대한 사역이었다.

몇 년간 지켜 본 인도 가정의 모습은 대부분 부부가 서로 다른 방향을 보고 있고, 몸은 같이 있어도 마음은 다른 곳에 있는 것이 느껴졌다. 부부 간에 사랑은 식었고 서로 미워하고 증오하며 사는 부부. 조금만 실수해도 서로를 용서하지 못하고, 서로에 대한 불만으로 가득 차, 등을 돌린 채 사는 인도 목회자 부부들이 의외로 많았다.

특히 인도 사모들 얼굴을 보면 밝은 사람이 별로 없었다. 늘 뭔가

에 눌려 있는 것 같았고, 불만이 있어 보였다. '난 행복하지 않아요!'
라고 얼굴에 쓰고 다니는 듯했다. 인도 목회자들도 마찬가지였다. 예
수 믿고 목회자가 되었어도, 인도 문화와 전통적인 관점으로 아내를
대하고 있었다. 그것이 잘못 되었다는 것도 모른 채 말이다. 누군가
이 부분을 도와주어야 했다.

인도목회대학원에서 강의할 때마다 틈나는 대로 성공적인 목회는
행복한 가정으로부터 시작된다는 것을 강조했다. 가정의 중요성에
대해 수시로 언급했다. 아내는 하나님이 주신 귀한 삶과 사역의 동역
자라는 것을 인식시키려고 노력했다. 정식 과목이 아니라 강의 중간
중간에 가정에 대한 것을 나누기만 했는데도 조금씩 변화가 일어나
기 시작했다.

무조건 가족들을 물리적인 힘으로 누르고 명령했던 목회자들이
말씀 앞에 겸손해지며 달라졌다. 몇 학기가 지나자, 여기저기서 풍성
한 간증들이 넘쳐났다. 그 동안 잘못된 남편으로서의 태도를 회개하
고, 변화되어 달라지는 모습이 보였다.

목회자 부부에게 찾아든 변화

하루는 강의를 마치자, 한 인도 목사가 나에게 오더니 이렇게 말
했다.

"선교사님! 선교사님께서 강의 중에 말씀하시는 가정에 대한 중요
성이 인도에서 정말 중요합니다. 제가 아는 대부분의 목회자들 가정

이 행복하지 않습니다. 부부들이 어떻게 사랑하며 살아야 하는지 전혀 모릅니다. 삶이 변화되지 않고 경건의 모양만 있습니다. 누군가 가정사역을 본격적으로 해야 합니다. 선교사님이 하시면 어떨까요?”

또 다른 인도 목회자는 이렇게 말했다. “선교사님! 지금 법정에 가면 좀 창피합니다. 목회자 부부가 서로 이혼하겠다고 온 사람들이 점점 늘어가기 때문입니다. 매년 목회자 가정 이혼율이 높아집니다. 세상의 빛이 되어야 할 목회자 가정이 오히려 수치가 되고 있습니다. 누군가 가정사역을 속히 해야 합니다.”

마침 2011년 1학기에 가르칠 과목을 놓고 주님께 기도하고 있던 때였다. 이제 본격적으로 인도목회대학원 커리큘럼에 ‘기독교 가정’ 과목을 넣어야겠다고 생각했다.

나는 인도 선교사로서 인도 가정들을 몇 년 동안 지켜보았다. 따라서 이들의 필요가 무엇인지, 어떻게 도와주어야 할지 알았다. 인도 가정을 말씀으로 치료하고 회복하는 것을 목적으로 강의안을 만들었다.

2011년 새 학기부터 기독교 가정 과목에 대한 강의를 본격적으로 하기 시작했다. 기독교 가정에 대한 성서적인 원리를 가르쳤더니, 놀라운 역사가 일어났다. 강의가 끝날 때마다, ‘고맙다’는 피드백 (Feedback)을 하는 학생들이 늘어갔다.

사모들만 고마워하는 것이 아니라, 놀랍게도 목회자들이 더 감사하다는 말을 많이 했다. 내가 생각한 것 이상으로 많은 변화들이 일어났다. 매 강의마다 성령의 임재하심이 뜨겁게 나타났다.

인도 교회에서 가정 세미나를 뜨겁게 인도하는 저자

'기독교 가정' 강의를 마친 후

그렇게 매주 기쁨과 감격 속에 '기독교 가정' 강의를 한 학기 마쳤다.

타라마니 인도목회대학원 학생인 존라비찬드란 목사가 2011년 1학기 종강하는 날 놀라운 간증을 했다.

"여러분! 저는 이 인도목회대학원에 들어와 가장 축복을 많이 받은 사람입니다. 여기에 오기 전에 우리 가정은 그야말로 산산조각 나기 일보직전이었습니다. 제가 회사를 다니다가 늦게 목회를 시작했습니다.

하루는 제 친구 목사가 집에 와서 하는 말이, 목사는 경건해야 한다며 오늘부터 아내와 딴 방을 쓰라고 했습니다. 저는 아무것도 모르는 상태였고 성경에 대해서도 잘 몰라 그대로 따라 했습니다. 그런 후, 우리 부부는 매일 싸우기 시작했습니다. 저는 뭐가 잘못 되었는지 정말 몰랐습니다.

절망 속에 허덕이고 있을 때 이 학교를 알게 되어 등록했습니다. 2년간 저는 너무나 실제적이고 유용한 강의에 정말 기뻤습니다. 또한 기독교 가정에 대한 놀라운 것들을 배워 그대로 실천했습니다.

지금 제 아내와 저는 너무 행복하게 잘 살고 있습니다. 하나님께 감사드리고 최 선교사님께 진심으로 감사드립니다."

박수가 터져 나왔다.

가장 위대한 행복사역

인도는 잘못된 신학과 각종 불순물이 섞인 비성서적 사상이 난무하고 있다. 기독교가 바른 방향으로 가지 못하고 휘청대며 위험한 상태로 흘러가고 있다. 이 중요한 시점에 우리가 이런 사역을 하는 것은 참으로 주님의 위대하신 뜻이요 섭리라고 여겨진다.

하나님은 내게 더 구체적인 사역을 지시하셨다. 인도목회대학원 내에서 강의 차원으로만 하지 말고, 전 인도 가정을 대상으로 광범위한 사역 차원의 '가정사역'을 시작하라고 하셨다. 그 사역을 위해 베드로전서 2장 9절 말씀을 주셨다.

"오직 너희는 택하신 족속이요 왕 같은 제사장이요 거룩한 나라요 그의 소유된 백성이니 이는 너희를 어두운 데서 불러내어 그의 기이한 빛에 들어가게 하신 자의 아름다운 덕을 선전하게 하려 하심이라."

이 성경 구절에 의해 가정사역 이름을 '로열 패밀리'로 정했다. 그렇다. 예수를 구세주로 고백한 자들이 '왕 같은 제사장'이고 그런 '왕 같은 제사장들이 모여 사는 가정'이 바로 '로열 패밀리'다. 드디어 '로열 패밀리 가정사역(Royal Family Ministry)'의 본격적인 출발을 알렸다.

누군가 말했다. 사탄은 21세기에 가정을 무너뜨리려는 전략을 세웠다고. 이제 사탄의 전략을 안 이상, 우리 모두는 이런 사탄의 전략을 말씀으로 대적하며, 더 이상 가정을 무너뜨리지 못하도록 강력하게 대응해야 한다. 앞으로 기회가 되는 대로 인도 가정을 치료하고 회복하는 사역을 거침없이 해 나갈 것이다.

전 인도 가정이 행복해지는 그날까지 이 사역을 쉬지 않을 것이다. 각 지역마다 가정사역자들을 훈련시켜 파송할 것이다. 가정에 대한 책도 출판하고 CD도 만들어 전 인도를 대상으로 이 사역을 펼쳐 나갈 것이다. 이 막중한 사역에 뜨거운 하나님의 기름 부으심이 있을 줄로 믿는다.

chapter 4

내 집을 세워라

1,000개의 교회

하루는 남편이 불쑥 말했다.

"여보, 하나님이 나에게 큰 비전을 하나 주셨어."

"그게 뭔데요?"

"응, 그건 바로 인도에 1,000개 교회를 세우는 거야."

"네? 100개가 아니고요?"

"아냐. 1,000개 맞아. 인도에 워낙 힌두 신전이 많고 사람도 12억
이나 되니까 1,000개 교회를 세워도 별로 표시도 안 날걸."

당시 생활비를 후원하는 사람도 별로 없어 물질적으로 아주 힘든

때였다. 그런 와중에 들은 이런 남편의 비전은 나에게 전혀 공감을 주지 않았다. 불가능한 비전으로만 여겨졌다.

하지만 곧 그가 받은 비전을 존중하기로 하고 기도에 들어갔다.

"주님! 남편에게 1,000개의 교회를 지으라고 하셨어요? 왜 그러셨어요? 너무 많아요. 우리가 평생 지어도 1,000개를 다 지을 수 없어요."

며칠 지나지 않아, 이런 주님의 음성이 들렸다.

"1,000개가 아니라 1만개도 가능하다!"

그 후로, 나는 더욱 뜨겁게 남편이 받은 비전을 위해 기도로 동역하기 시작했다.

"주님! 이왕 주신 큰 비전이니, 이 사역을 확실하게 동역할 하나님의 사람을 만나게 해 주세요."

그렇게 기도한 지 몇 년 뒤, 드디어 성령은 구체적으로 역사하셨다. 남편은 인도에 오기 전, 예수교대한성결교회 교단의 선교국장으로 4년간 본국 사역을 감당했다. 그때 교단에서 열심히 선교하는 교회들을 유심히 살폈다. 그리고 나중에 선교하러 다시 나가면, 협력을 부탁할 몇 개 교회를 놓고 기도에 들어갔었다.

인도 선교사로 온 후, 가끔 남편은 이런 말을 했다.

"복된 교회 류우열 목사님께 몇 년째 선교 편지를 보내는데 연락이 없으시네. 그분은 꼭 선교하실 분이라 내가 지금 몇 년째 기도하고 있는데 말이야."

나는 한 번도 류 목사를 본 적도 없고 복된 교회에 가 본 적도 없었다. 단지 그 교회가 예성교단에서 제법 큰 교회고 선교 많이 하는 교회로만 알고 있었다. 류 목사 아내인 장영희 사모는 평소 전도를 많이 해 전도 여왕이라는 소문만 들었을 뿐이다.

비전을 품으면 반드시 만난다

남편은 그 교회에 대한 희망을 버리지 않았다. 선교하는 교회가 선교를 더 한다는 믿음이 남편에게 있었다. 그 당시 복된 교회는 일곱 명의 파송 선교사와 여러 협력 선교사들을 후원하고 있었다.

2007년 12월, 하루는 류 목사로부터 간단한 이메일이 왔다. 명년 1월 이틀 동안 인도를 방문하고 싶다는 내용이었다. 우리는 뛸 듯이 기뻤다. 남편이 오랫동안 마음에 소원을 품고 기도한 교회였는데 드디어 연락이 왔으니 말이다.

2008년 1월 드디어 류 목사가 인도에 왔다. 복된 교회 선교국장인 김진수 장로와 함께 왔다. 인도 도착 후 류 목사는 이렇게 말했다.

"나는 박 목사님이 서울에 있는 어떤 교회 파송인 줄 알고 있어서 솔직히 선교편지를 잘 읽어보지 않았습니다. 그런데 지난 연말 어느 모임에서 박 목사님을 파송했다는 그 목사님을 만날 기회가 있었습니다.

거기서 박광수 선교사를 파송했느냐고 물어보았더니 파송하지 않았다고 하기에 아차 싶었습니다. 그 후 박 목사님이 인도에서 어떤 사역을 하고 있는지 궁금해서 와 보게 됐습니다."

인도 오기 전 파송을 약속한 교회에서 파송했다는 소문만 났지, 파송이 끊어진 것은 몇 년째 아무도 모르고 있었다. 류 목사는 우리의 주요 사역인 인도목회대학원 훈련 사역을 보고 흡족해 했다. 어디가나 사람 키우는 사역이 가장 중요한 사역이라고 격려해 주었다.

1,000개 교회건축에 대한 비전도 함께 나누었다. 마침 류 목사도 '비전 1030' 프로젝트를 세워, 2010년까지 선교지에 30개 교회를 세울 계획을 갖고 있었다. 그 비전을 성취하기 위해 뜨겁게 기도하면서 협력할 선교지를 찾고 있던 중이었다고 했다.

놀랍게도 같은 비전을 가진 목회자와 선교사가 드디어 만난 것이다. 비전은 주님으로부터 오며 그 비전을 품고 기도하면 반드시 이루어 주시는 주님이라는 것을 확실히 알았다.

교회가 교회를 낳는다

2008년 7월, 우리 가족은 인천 복된 교회에서 파송을 받았다. 선교사 생활 20년 만에 정식으로 파송식을 했다.

그 후 복된 교회는 인도에 열두 개 교회를 세웠다. 2011년 5월, 류 목사는 인도에 교회를 세운 인도 목회자부부를 한국에 초청해 '비전 1030'이 성취된 것에 대한 감사 축제를 열었다.

앞으로 인도에 1,000개 교회를 건축하는 사역이 거침없이 진행될 줄로 믿는다. 이 사역을 통해 인도에 힌두신전보다 하나님의 몸 된 제단이 더 많아질 것으로 믿는다. 세워진 성전마다 인도 성도들이 하

제3호 아라꼬남 복된교회 건축이 완공된 모습

하나님을 '아바 아버지'라 고백하며, 뜨겁게 예배하는 모습을 상상해 보라. 얼마나 가슴 벅찬 비전인가!

현재 20개의 교회가 인도 땅에 건축되었다. 하지만 앞으로 1,000개 교회를 건축하려면, 지속적인 기도와 물질의 동역자가 필요하다. 초교파적으로 진행되는 이 사역이 주님께서 예비하신 자들을 통해 이뤄지리라 믿는다.

고 하용조 목사는 『나는 선교에 목숨을 걸었다』라는 책에 이렇게 썼다.

"사람이 사람을 낳듯이, 살아있는 교회는 또 다른 교회를 낳아야 합니다."

12개 인도목회 대학원을 세워라

새 학기에 걸려온 전화

필리핀에서 선교사로 사역할 때였다. 한 사모가 눈에 들어왔다. 합동 측에서 파송한 선교사 사모였는데 신학교에서 강의하는 분이었다. 그때 그 사모를 보며 나도 어느 정도 나이가 들면, 선교지에서 영적 리더들을 훈련하는 사역을 하고 싶다는 마음의 소원이 생겼다.

내 마음의 소원을 아신 하나님께서 공부할 기회를 열어 주셨다. 필리핀 나사렛 신대원에 입학하게 되었고, 그 학교에서 열심히 내 미래를 준비했다.

또한 필리핀에 거주하는 박사학위를 소지한 외국 선교사들이 아시아 리더들을 훈련하기 위해 만든 AGST에서 박사 코스 웍(course work)을 마쳤다.

1999년 7월 우리 가족은 남편이 교단 선교국장으로 본국 사역을 위해, 필리핀 사역을 정리하고 한국으로 들어왔다. 나는 2000년 3월부터 성결대학교에서 시간강사직을 맡게 됐다. 기독교 교육 전공인 나에게 남편의 대학교 스승인 김승곤 교수가 매 학기마다 한두 과목씩 강의할 수 있도록 기회를 주었다.

성결대학교에서 학생들을 가르치면서 내게 가르치는 은사가 있다는 것을 서서히 깨달았다. 가르칠수록 내가 살아있는 느낌이 들었고, 쓰임 받는 느낌이 들었다. 또한 학생들 반응도 대체로 좋았다.

하지만 매 학기마다 과목 배정을 받을 때 가슴이 조마조마했다. 왜냐하면 시간 강사는 다음 학기 강의를 보장받지 못하기 때문이었다. 아무리 가르치고 싶어도 과목 배정에서 누락되면, 한 학기든 두 학기든 쉴 수밖에 없었다. 그러니 늘 기도하지 않을 수 없었다.

한 번은 다음 학기 강사 과목 배정표를 보니, 내 이름이 빠져 있었다. 너무 속상해 온몸에 힘이 쭉 빠지는 것 같았다. 누구한테 하소연할 데도 없어 성결대학교에서 전철을 타는 명학역까지 터벅터벅 걸어 내려갔다. 가르치는 것 외에 별로 재미있는 일도 없는데, 큰일이다 싶었다. 지하철을 타고 집에 가야 할 시간인데 집에 갈 힘이 없었다. 명학역 벤치에 털썩 주저앉아 남편에게 전화를 걸었다.

"여보. 나 다음 학기 강의 없어요. 어떡하죠?"

울먹이는 소리로 겨우 말했다.

"나 지금 온몸에 힘이 하나도 없어요. 명학역 벤치에 그냥 앉아 있어요. 집에 갈 힘도 없어요."

처음엔 말없이 내 말만 듣던 남편이 조금 후에 갑자기 박력 있게 말했다.

"걱정 마. 내가 당신 실컷 가르치도록 학교 세워줄게. 나중에 너무 많이 가르쳐야 돼서 피곤하다고나 하지 마. 빨리 집에 와. 맛있는 거 사 줄게."

남편 말에 속으로 피식 웃으며 생각했다.

'참나, 우리 형편에 무슨 돈이 있어서 학교를 세운다고 하는지.'

그래도 나를 위로해 주고자 든든하게 말하는 남편을 보니 아픈 마음이 조금은 풀리는 듯했다. 늘 긍정적으로 나를 후원해 주는 일편단심 우리 남편. 어느 누구보다 남편은 내 가치를 높이 인정해 주었다.

이런 남편의 위로에 힘을 얻어 일어나 집에 갔다. 그 다음날부터 강의를 달라고 주님께 간절히 기도했다.

"주님! 다음 학기에 강의 하나만 맡게 해주세요. 저는 가르쳐야 살아있는 느낌이 들어요. 주님이 주신 가르치는 달란트 맘껏 사용하도록 제발 강의를 하게 해주세요. 저에게는 힘이 되어줄 누구도 없습니다. 오직 주님만이 도와주실 수 있습니다."

하나님께서는 나의 이런 간절한 기도를 외면하지 않으셨다. 매 학기 초마다 놀라운 역사가 일어났다. 새 학기가 시작될 무렵이면, 으레 성결대학교 김 교수로부터 전화가 걸려왔다.

"최 교수, 이번 학기 과목 배정됐어. 축하해."

살기 위해 설교한다

세월이 흘러, 나는 인도에서 목회자 훈련학교인 목회대학원 4곳과 사모대학 4곳에서 강의하느라 정신이 없다. 그리고 각종 세미나 사역과 집회 사역으로 눈코 뜰 새 없이 바쁘다.

그러나 놀라운 것은 강의할 때마다 내 안에서 놀라운 힘이 생긴다는 것이다. 전혀 피곤하지 않고 오히려 더 큰 영적 파워가 내 안에서 나온다. 아프다가도 학생들 앞에 서서 마이크만 쥐면 다른 사람이 되어 파워풀한 메시지를 전한다. 그리고 나는 놀랍게 살아난다.

제3호 벨루 목회대학원에서 강의하는 저자

자신의 몸이 종합병원이라던 고 하용조 목사는 생전에 이렇게 말했다. "참 이상하다. 나는 설교하면 살아난다. 강대상에만 올라가면 살아난다. 그런데 설교를 안 하면 기가 팍 죽는다. 기운을 못 차린다. 그래서 나는 살기 위해 설교한다."

내가 바로 이런 케이스인 것 같다. 앞으로 인도 전역에 12개의 인도목회대학원과 사모대학을 세울 비전을 갖고 기도하고 있다. 우리는 이 영적 지도자 훈련사역에 생명을 걸고 있다. 인도 복음화를 속히 성취하려면 디엘 무디 같은, 빌리 그래함 같은 영향력 있는 영적 리더가 우리 시대에 나와야 하기 때문이다.

오늘도 불꽃같은 눈동자로 살아있는 영적 지도자를 인도에서 찾으시는 그 아버지의 마음이 우리 안에 있다. 그래서 가르치는 한 순간 한 순간 최선을 다한다. 그리고 마음속으로 늘 외친다.

"아버지가 그렇게 간절히 찾는 그 위대한 영적 지도자! 우리 인도목회대학원에서 나오게 해 주세요!"

인도 부흥을 주도하라

부흥사의 꿈

내 어릴 적 꿈 중의 하나가 부흥사가 되는 것이었다. 부흥사가 되고 싶은 꿈을 갖게 된 것은, 중학교 때 고(故) 최자실 목사를 만난 후부터였다. 워낙 신앙에 있어서는 열심이 특심이었던 엄마는 특별 부흥집회가 열리자, 모든 식구들에게 전부 참석하라고 했다. 엄마의 말을 감히 아무도 거역할 수 없었다. 삼 일 동안 열리는 집회를 마지못해 참석하게 되었다.

그런데 집회에 참석해보니 강사 분이 여자였다. 그분이 바로 조용기 목사 장모였던 최자실 목사였다. 최 목사는 연세가 지긋해 보였고, 머리에 하얀 두건을 쓰고 옷도 다 하얀 색을 입고 강단에 섰다. 그 모습이 마치 천사처럼 보였다. 그 특이한 모습이 내 눈에 확 들어왔다. 최자실 목사의 말씀 한 마디 한 마디는 강력하고 파워풀했다.

단 하루 만에 최 목사가 좋아져 버렸다. '어떻게 하면 저런 파워풀한 부흥 강사가 될 수 있을까?' 하고 무척 부러워했다. 같은 여자지만 저런 인생을 산다면 참 멋있을 것 같다는 생각도 들었다. 엄마가 나보고 사모가 되라고 할 때는 죽기보다 싫었는데 최자실 목사를 보자, 이상하게도 최 목사와 같은 부흥사는 되고 싶다는 소망이 생겼다.

매일매일 집회가 은혜로웠다. 집회시간이 기다려졌다. 마지막 날이 되자 엄마는 내 손을 끌고 앞에 나가 안수기도를 받게 했다. 내 생애 첫 안수기도를 최자실 목사에게 받은 것이다. 너무 감격스러웠다. 그때 언젠가 나도 부흥사가 될 것 같은 확신이 들었다.

그 후로 난 최자실 목사가 쓴 『나는 할렐루야 아줌마였다』 라는 책을 읽고 또 읽었다. 그리고 부흥사에 대한 꿈을 키워나갔다. 그 책은 제법 두꺼운 책이었다. 그 책이 낡아질 때까지 계속 읽으며 언젠가 나도 최자실 목사 같은 부흥강사가 되어 전 세계를 돌아다니며 집회를 할 것이라는 꿈을 꾸기 시작했다.

첸나이에서 이루어진 꿈

세월은 흘러 나는 이제 인도에서 선교사역을 감당하고 있다.

그런데 인도에 와 보니 웬만한 인도 목회자들과 성도들은 조용기

말씀에 뜨겁게 반응하는 인도 교회 성도들

목사에 대해 잘 알고 있을 뿐만 아니라, 조 목사와 같은 목회자가 되고 싶은 비전을 말하는 분들이 많았다.

만나는 인도 목회자들마다 한국 선교사라고 하면 조 목사를 아느냐는 질문을 많이 한다. 내가 인도에 오기 바로 몇 해 전, 조 목사가 인도를 다녀가 인도 사람들에게 큰 영향을 끼쳤기 때문이었다.

최자실 목사와 조용기 목사 그리고 인도와 나, 묘한 연결이 이어지고 있음을 느낀다. 그리고 더 놀라운 것은, 최자실 목사로 인해 품게 된 부흥사에 대한 꿈이 인도에 와서 비로소 실현된 것이다.

남편과 함께 인도 교회 집회를 자주 다녔다. 처음에는 남편만 설교를 했다. 그런데 인도 목사들이 나에게도 마이크를 주며 자꾸 한 말씀만 해달라고 했다. 그런 청을 거절할 수가 없어 처음엔 인사차원에서 간단하게 말씀을 전했다.

하지만 마이크를 잡고 말씀을 전할수록 힘이 나고 성도들의 반응도 좋았다. 내 안에 잠재되어 있던 부흥사 기질이 나오기 시작한 것이었다. 그때 나는 깨달았다. 그 동안 기도하고 꿈꾸었던 내 소원 가운데 하나가 이뤄지고 있음을.

그 다음부터는 전세가 역전되었다. 남편 설교 시간은 줄어들고 내 설교 시간은 점점 늘어났다. 요즘은 남편이 아예 집회 시간 전체를 나에게 맡길 때도 있다. 은사 있는 사람이 마음껏 말씀을 전하라고.

이렇게 인도 교회를 다니며 말씀을 선포하는 부흥사로서의 사역은 점점 강성해져 간다.

성령의 거센 물줄기

여러 인도 교회에서 집회 초청이 매주 들어온다. 7년간 수백 개가 넘는 크고 작은 인도 교회에서 부흥집회를 인도했다. 인도 여러 지역에서 어떻게 우리를 알고 연락해 온다. 어떤 목회자는 3년째 우리를 기다리고 있다.

말씀을 뜨겁게 사모하고, '아멘' 으로 화답하는 인도 성도들을 볼 때마다 이 나라 이 민족을 향한 하나님의 위대한 비전이 느껴진다.

이제 인도 부흥의 물줄기가 서서히 잡히기 시작한다. 첸나이에서 시작된 이 부흥의 새바람은 인도 전역으로 거세게 불어갈 것이다. 인도 남쪽에서 북쪽으로 강하고 급한 성령의 새바람, 그 바람의 중심에 우리가 서 있는 것이다.

chapter 7

인도에 부는 성령의 새바람

성령의 기운

2011년 5월 1일 주일 아침이었다. 국민일보 취재팀이 다스(Dass) 목사 교회 부흥집회에 우리와 함께 참석했다. 다스 목사 교회는 성도 수가 800명이 넘는 인도에서는 제법 큰 교회다. 개척한 지 몇 년 되지 않았지만, 부흥되고 있는 살아 있는 교회다.

다스 목사는 2011년 1월, 네 번째로 세워진 민트 목회대학원의 학생이었다. 그 당시 내가 이 교회에서 집회를 인도한 적이 있었다. 다스 목사는 내가 민트 목회대학원에서 타밀어 찬양하는 것을 보았으므로, "선교사님! 이번 집회할 때 꼭 타밀어 찬양을 해 주세요."라고 부탁했다.

"네. 4곡 정도 준비할게요."

내가 웃으며 대답했다.

그날 아침, 강단에 앉아서 교회에 꽉 찬 성도들을 보자 알 수 없는 힘이 생겨났다. 오늘 꼭 무슨 일이 일어날 것만 같았다. 눈을 감고 잠시 성령님의 도우심을 구했다.

드디어 다스 목사가 우리를 소개하고 나에게 마이크를 건넸다. 타밀어 찬양을 하려고 입술을 열자, 성령의 기운이 입술에 느껴졌다. 타밀어 찬양을 할 때마다 매번 찾아오시는 성령님, 그 친밀하신 성령님이었다.

두 눈을 꼭 감고 주님의 뜨거운 사랑을 생각하며 온 힘을 다해 찬양했다. 잠시 후, 내 눈에 주님의 눈물이 흐르기 시작했다. 하늘 문이 열리고 성령이 내려오는 느낌이 들었다.

내 귀에 뜨겁게 기도하는 소리가 크게 들리기 시작했다. 주님을 찾는 간절한 목소리가 여기저기서 들려왔다. 한참을 성령에 취해 찬양하다가 눈을 떠보니, 내 앞에서 믿기 어려운 광경이 벌어지고 있었다. 앞줄에 서서 찬양하던 자매들이 그룹으로 성령의 역사를 체험하고 있었다.

악한 영이 떠나가며 소리를 지르는 사람, 기뻐서 두 손을 들고 춤을 추는 사람, 성령에 취해 이리저리 돌아다니는 사람들이 있었다. 하늘의 생기가 부어지며 사람들이 천국을 경험하고 있었다. 생생한 성령의 임재하심이 그 교회 안에 가득 넘쳐나고 있었다. 몇 년 전,

AFT 교회에서 나를 찾아 오셨던 그 성령이 하신 말씀이 생각났다.

"내가 너를 12억 인도 영혼을 치료하고 회복하는 자로 쓰겠노라!"

내 눈물이 인도 땅을 적실 때

내 눈엔 뜨거운 눈물이 계속 흘렀다. 드디어 인도에 성령의 새바람이 불기 시작한 것이다. 타밀어 찬양에 임재하시는 성령님을 통해 인도 영혼들이 치료되고 회복되고 있다. 인도 땅이 주님께 돌아오는 모습이 내 눈에 생생히 보인다.

"그의 모든 천사여 찬양하며 모든 군대여 그를 찬양할지어다 해와 달아 그를 찬양하며 밝은 별들아 다 그를 찬양할지어다"
(시 148:2-3)

'아...이런 사역을 하시려고 성령이 급하게 타밀어 찬양을 배우게 하셨구나.'
오 주님!
오 주님!
홀로 영광 받으소서!
홀로 영광 받으소서!

2004년 기도원에서 들은 말씀도 생각났다.

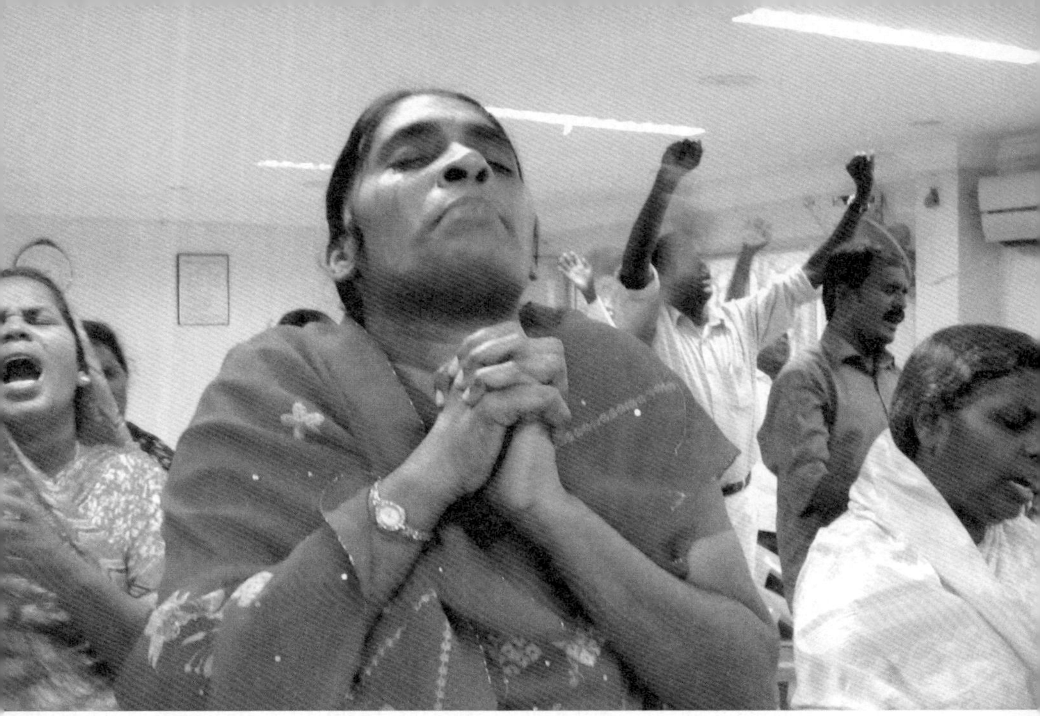

말씀을 듣고 눈물을 흘리며 은혜받는 인도 성도들

"내가 네게 세상을 이길 힘을 주겠노라!"

집회가 끝나자 취재차 와서 이 현장을 지켜보던 국민일보 김무정 부장이 놀란 듯 말했다.

"정말 놀랍습니다. 인도에 부흥의 불길이 일어나고 있음을 봅니다. 이렇게 인도 영혼들이 주님을 갈망하고 인도가 이렇게 열려있는 줄 몰랐습니다. 최 선교사님, 앞으로 인도의 빌리 그래함이 되셔서 더 많은 인도 영혼들을 살리세요!"

타밀어 찬양을 통한 특별한 은혜를 체험하면서, 나에게 또 하나의 큰 비전이 생겼다.

영감 있는 멋진 찬양단을 만들어 인도 전역을 다니면서 집회하는 것이다. 하나님의 영이 거하는 목소리를 가진 찬양단을 만들어 12억 인도 영혼을 섬기는 일에 최선을 다할 것이다.

인도에 찬양이 넘쳐날 때 인도를 점령했던 악한 영들이 떠나고, 인도 영혼의 영과 육이 치료되고 회복되는 역사가 끊임없이 일어날 줄로 믿는다.

인도에서 사역하기 시작하면서 내 눈에서는 눈물이 멈추지 않는다. 인도 민족을 위해 기도를 할 때마다 뜨거운 눈물이 쉼없이 흘러내린다. 내 눈물이 이 메마른 인도 땅을 적셔, 주님께 돌아오는 영혼이 구름떼처럼 일어나기를 간절히 소망한다.

인도를 위해 기도할 때마다 하나님께서 앞으로 인도를 한국 다음으로 세계 복음화의 주역으로 쓰시겠다며 준비시키라고 하신다. 우리는 지금 세례 요한처럼 인도에서 주의 길을 예비하고 있는 것이다.

"우리가 그를 전파하여 각 사람을 권하고 모든 지혜로 각 사람을 가르침은 각 사람을 그리스도 안에서 완전한 자로 세우려 함이니 이를 위하여 나도 내 속에서 능력으로 역사하시는 이의 역사를 따라 힘을 다하여 수고하노라." (골 1:28-29)

에필로그

    이 책을 쓴 목적은 몇 가지로 정리할 수 있다. 첫째는 하나님께 영광과 감사를 돌리기 위함이다. 둘째는 23년간 선교사로서의 삶을 정리하는 의미이다. 셋째는 인도에서 7년간의 선교보고를 하나님과 사람 앞에 하고자 함이며, 마지막으로 하나님이 우리에게 주신 마지막 선교지인 인도에서 주신 위대한 비전을 많은 분들과 나누고자 함이다.

    특별히 하나님께서 인도에서 크고 위대한 비전을 많이 주셨다.

    "나 여호와가 말하노라. 너희를 향한 나의 생각은 내가 아나니 재앙이 아니라 곧 평안이요, 너희 장래에 소망을 주려는 생각이라."(예

레미야 29:11)

하나님이 우리에게 주시는 것은 '장래의 소망'이라고 했다. 장래의 소망은 곧 비전이라 할 수 있다. 마일즈 먼로가 쓴 책 『비전의 힘』에 보면, "하나님은 꿈꾸는 자들을 사랑하신다."고 했다. 그는 또한 "비전은 보이지 않는 것을 볼 수 있도록 해 주며 미지의 것을 가능케 한다."고 힘주어 말한다.

하나님이 인도에서 우리에게 먼저 주신 것도 사역보다 비전이었다. 그 비전은 점점 구체화되더니 하나씩 현실 가능한 것들로 드러나고 있다. 참으로 놀라운 역사를 보며, 이 비전들을 같은 뜻을 가진 분들과 더 늦기 전에 나누어야겠다는 생각이 들었다.

이 책은 바로 그런 목적으로 쓴 책이다. 인도 사역을 함께 할 비저너리들을 만나기 위한 장이다.

하나님이 인도에서 주신 비전들을 정리해 보면 다음과 같다. 1) 12개 인도목회대학원 사역이다. 인도 주요 거점도시와 지역에 현지 영적 리더들을 강하게 훈련시켜 인도 민족 복음화를 앞당기는 전략이다. 2011년 현재 첸나이와 벨루 지역에서 4개 학교가 운영 중이다. 앞으로 8개가 더 세워져 이 비전을 이루어 갈 것이다. 2) 천 개 교회 건축 사역이다. 인도 전역에 천 개의 사도행전적 살아 있는 교회 공동체들을 공격적으로 세워 인도 복음화를 이루는 비전이다. 2011년 현재 20개 교회가 세워졌다. 앞으로 980개 교회가 인도 땅에 세워져

야만 한다. 이 비전에 더 많이 준비된 기도와 물질의 동역자들이 필요하다. 3) 로열 패밀리 사역(Royal Family Ministry), 즉 가정사역이다. 인도 가정이 무너지고 깨어지는 것을 예방하고 건강하고 아름다운 기독교 가정을 만들어 가도록 돕는 사역이다. 가정은 사회의 가장 기초단위이고, 전도와 선교의 가장 중요한 진원지이다. 따라서 가정사역을 통해 인도 가정을 치료하고 회복하는 사역으로 기독교 가정을 세상적 오염으로부터 분리, 방어하여 천국의 모형을 닮게 하는 비전이다. 4) 첸나이 중심부에 가장 높은 우먼 센터를 세우는 사역이다. 미국 시카고의 '시어스 타워'를 모델로 해서 하나님의 영광을 드러내는 빌딩을 건축하고 여성의 아름다움과 위대함을 세계만방에 알리는 비전이다. 여성이 무시당하고 남성에 비해 약자 취급을 당하는 인도에 가장 아름답고 높은 우먼 센터를 건축함으로 하나님의 이름을 높이고 여성의 본질적인 창조 목적을 이루는 데 기여하는 비전이다. 5) 목회자 자녀를 케어하는 사역이다. 부모가 목회자인 자녀들을 하나님의 사랑으로 격려하며 위로하여 다음 세대 일꾼들을 키우는 비전이다. 인도 목회자들은 자녀들이 자신의 뒤를 이어 목회자가 되는 것을 가장 소망한다. 그러나 목회자의 삶의 현실은 너무나 척박하고 힘들어 부모와 자녀 간에 갈등이 생기고 불평과 불만이 늘어만 간다. 이 부분을 적극적으로 도와주면 인도 민족 복음화에 기여할 2세대들을 자연스럽게 양성할 수 있다.

이상과 같은 큰 5개의 비전을 되도록 많은 분들과 나누고 싶다. 누군가 말했다. 비전을 받은 자는 그 비전을 함께 이루어 갈 개인과 공동체와 나눌 책임이 있다고.

　인도라는 선교의 장은 무한한 가능성과 잠재력이 있다. 믿음의 눈으로 바라본 이 땅에는 황금이 묻혀 있다. 인도가 왜 그런 복음적 잠재력이 있는지 필자의 견해를 나누어 보면 다음과 같다.

　첫째, 인도는 현재 복음적으로 뜨겁게 열려 있는 땅이다. 물론, 북인도를 비롯한 인도의 어느 특정 지역은 여전히 복음에 부정적이고 강한 핍박이 있기도 하다. 그럼에도 불구하고 인도 남쪽을 비롯해 그 주변 지역에서 주님께 돌아오는 영혼은 셀 수 없을 정도로 많다. 성령의 역사가 인도 전역 어디에서나 뜨겁게 나타나고 있으며 주님을 찾는 영혼들이 늘어만 간다. 아무도 인도에 흘러넘치는 복음의 거대한 강물을 막을 자는 없다고 본다.

　둘째, 12억이 넘는 인도인들은 이제 세계 어디로든 진출한다. 인도인이 없는 곳이 없을 정도로 세계 곳곳으로 나아간다. 이들이 복음의 디아스포라 역할을 충분히 감당할 수 있다. 12억이라는 인구의 힘은 대단한 것으로 훈련되고 복음의 핵폭탄을 가진 인도인들이 세계로 나아간다면 세계 복음화는 분명히 앞당겨질 것이다.

　셋째, 인도인들의 언어의 힘이다. 하나님께서는 인도인들에게 특별히 언어의 잠재력을 크게 부여하셨다. 영어는 기본이고 그 외에도 몇 가지 언어를 쉽게 배울 수 있는 뇌구조를 허락하셨다. 한국에서 일하는 인도인들을 보면 다른 나라 사람들에 비해, 몇 년만 지나도 한국말을 곧잘 하는 것을 볼 수 있다. 그것만 보더라도, 인도인들의 언어력이 세계 복음화에 크게 기여할 수 있다고 믿어진다.

넷째, 인도인들의 열정적인 민족성이다. 인도인들은 다른 나라 민족에 비해 목표 지향적이고 민족성이 나약하지 않다. 리더십이 강하고 뭔가를 이루고자 하는 열정이 남다르다. 또한 신심이 뛰어나 한번 예수를 믿으면 뜨겁게 믿는다. 강한 민족성이 바로 다음 세계복음화를 주도할 결정적인 요인이라고 할 수 있다.

마지막으로, 인도의 경제성장을 들 수 있다. 매년 인도 경제성장률은 보통 10%씩 증가한다. 앞으로 인도를 빼놓고는 경제를 말할 수 없을 정도로 경제 대국으로 성장해 가고 있다. 인도의 경제력은 앞으로 세계 선교와 복음화의 귀한 자원으로 사용될 수 있다.

이러한 여러 선교적 장점들을 가진 인도에 지금 우리의 모든 힘을 기울여 복음적 투자를 해야 할 필요가 있다고 본다. 한국 다음으로 세계 복음화의 주역으로 인도를 쓰시겠다는 하나님의 음성을 들었다.

그렇다면 이제 한국은 다음 선교 주자인 인도가 주님 앞에 멋지게 사용될 수 있도록 최대한 도와야 한다고 믿는다. 사람도 다음 세대를 잘 준비해 놓아야 하듯, 선교도 다음 세대를 잘 준비해 놓아야 한다.

지금 한국 교회와 영적 지도자들의 사명은 선교대국으로서의 책임과 의무를 다하는 동시에, 다음 세계 복음화를 책임질 선교 주도국을 일으켜 준비시키는 것이다. 인도가 바로 그 주인공이다.*